マイナビ新書

教養として学んでおきたい
三国志

JN088612

渡邉義浩

マイナビ新書

教養として学んでおきたい三国志

目次

序章　三国志を教養として学ぶ意味

第一章　三国志のなりたち──正史と演義の違い

第二章　三国志演義とはどういった物語なのか

第三章　代表的な英雄たち

第四章　代表的な戦い

第五章　なぜ三国志は日本で人気になったのか

第六章　中国での三国志演義の人気・影響

第七章　三国志が社会・世界に与えた影響

※本書における引用は、すべて筆者による訳になります。戦場の地図は『三国志ナビ』（渡邊義浩・新潮文庫）ほかを参考に作成し、一部改変しています。

序章

三国志を教養として学ぶ意味

現代人にも大人気の「三国志」

三世紀の中国で魏《ぎ》、蜀《しょく》、呉《ご》の三国が覇権を争った「三国志《さんごくし》」は、日本人が大好きな物語である。たとえば『政党・三国志』『日米独・経済三国志』という使い方がされるくらい、「三国志」という言葉は日本人に浸透している。

もちろん中国でも「三国志」は親しまれている。「三人寄れば文殊《もんじゅ》の知恵」という諺《ことわざ》があるが、中国ではこれを「三人寄れば諸葛孔明《しょかつこうめい》の知恵」という。また、「壁に耳あり障子に目あり」と同じ意味で、「ひそひそ話をすると曹操《そうそう》が来る」といったりもする。三国時代の英雄たちは、現代人の生活のなかにも当たり前に登場するくらいポピュラーな存在なのである。

「魏」「蜀」「呉」による三国時代

今から約千八百年前、中国は時代の変革期にあった。前漢《かん》・後漢あわせて約四百年続いた漢帝国（前二〇二～後二二〇年）は終焉を迎えつつあった。最後の皇帝である献帝《けんてい》を擁立する曹操は、黄巾《こうきん》の乱によって衰弱した漢帝国に止めを刺し、覇権を握ろうとしていた。二〇〇年、曹操は官渡《かんと》の戦いで最大の敵である袁紹《えんしょう》を破り、華北《かほく》（黄河《こうが》流域）を支配して、その力をますます増大させていく。

その曹操から漢を守るべく戦ったのが、漢の帝室の末裔を自称する劉備《りゅうび》である。しがない蓆《むしろ》売りだった劉備は、関羽《かんう》、張飛《ちょうひ》、趙雲《ちょううん》の三武将や、日本では孔明《こうめい》という字《あざな》（よびな）で有名な諸葛亮らと共に、蜀の皇帝にまでのしあがる。蜀の正式な国名は、漢、あるいは季漢《きかん》という。季は末っ子という意味である。

中国統一を果たそうとする曹操は、二〇八年、赤壁《せきへき》の戦いで、劉備と結んだ孫権《そんけん》の武将周瑜《しゅうゆ》に敗れた。

こうして、曹操の息子の曹丕《そうひ》（文帝《ぶんてい》）が建国する魏（曹魏《そうぎ》、二二〇～二六五年）、劉備の蜀（蜀漢《しょくかん》、二二一～二六三年）、孫権の呉（孫呉、二二九～二八〇年）という三国が鼎立《ていりつ》する三国時代が始まる。

英雄の生き様に学ぶ

「三国志」の舞台となっているのは、四百年以上続いた漢帝国が崩壊し、漢の土台となった儒教《じゅきょう》の開祖孔子《こうし》の権威にすら疑問が持たれた時代である。その時代は地球規模の寒冷化の中にあり、農業生産の中心は、華北から江南《こうなん》（長江《ちょうこう》中下流域）に移って、漢の制度も社会になじまなくなっていた。そうした先が見えない時代の中で、人々はどのように未来を描き、日々を生きていたのであろうか。

不安定な変革の時代におけるさまざまな生き様から、自らが今を生きる指針を得られる点が、「三国志」の大きな魅力である。

滅びていく漢を受け継いだ劉備・諸葛亮、劉備の志のため、すべてを賭けた関羽、張飛、趙雲たちは、崩壊しようとする価値観の再建を目指した。いわゆる保守、伝統を守ろうとする人々である。とくに諸葛亮の生き方は、朱子学《しゅしがく》を創設した朱熹《しゅき》など、後世の人々に大きな影響を与えた。

漢の復興を諦《あきら》め、天下を三分して江東《こうとう》（長江下流域）に独立した孫権、その構想を立てた魯粛《ろしゅく》は、ローマ帝国をも分裂させた地球規模での寒冷化に対応し、江東に割拠して、地域の開発に注力した。現在、中国経済の中心地となっている長江下流域の発展は、ここに端を発している。

時代の主役ともいえる曹操は、はじめは漢帝国の復興を目指して矢継ぎ早の改革を試みたが、やがて漢そのものを滅ぼす根源的な変革を求めるようになる。曹操に袁紹を破らせた参謀の荀彧《じゅんいく》は、そうした曹操の志の変化に苦しみ、やがて死に追い込まれる。曹操の子曹丕の曹魏建国を補佐した陳羣《ちんぐん》は、妻の父である荀彧の死を見つめながら、九品中正制度《きゅうひんちゅうせいせいど》（科挙《かきょ》の前身となる官僚登用制度）を定めて、貴族制に制度的な保障を与えた。陳羣の部下として昇進してきた司馬懿《しばい》は、諸葛亮の北伐《ほくばつ》（曹魏への侵寇）を防ぎ、さらに曹室への不満を糾合して勢力を拡大する。そして司馬懿が築いた基盤を孫である司馬炎《しばえん》（武帝《ぶてい》、在位二六五～二九〇年）が引き継ぎ、曹魏を打倒して西晋《せいしん》を建国する。

曹操は社会の改革を求め、革新を目指した人々の代表的存在である。しかし、曹操の革新性が人々に評価されるまでには、長い時間がかかった。それは、「三国志」

の物語が、元末明初《げんまつみんしょ》の羅貫中《らかんちゅう》がまとめた『三国志演義《えんぎ》』という歴史小説によって世の中に普及したためで、そこでは曹操は悪役として描かれているのである。

「三国志」といえば『三国志演義』

日本で「三国志」が広く浸透しているのは、吉川英治《よしかわえいじ》の歴史小説『三国志』と、それをもとにした横山光輝《よこやまみつてる》の漫画『三国志』の影響が大きい。筆者も、中学生のときに横山光輝の『三国志』を読んで「三国志」に興味を持ち、高校生のときに吉川英治の『三国志』を読んで、大学で「三国志」を学ぼうと決めた。

吉川英治の『三国志』は、種々ある『三国志演義』の中でも、明で盛んに読まれていた李卓吾先生批評《りたくごせんせいひひょう》『三国志』という版本を超訳した湖南文山《こなんのぶんざん》の『通俗《つうぞく》三国志』に基づき著されたものである。一方、中国では、清《しん》の中期以降に『三国志演義』の決定版となっていく『毛宗崗《もうそうこう》批評三国志演義』が、「三国志」理解の基本となっている。このため、日本と中国では、人々の「三国志」の認識が少し異なる。

たとえば日本では、吉川英治が諸葛亮と共に主役として描いた曹操の評価が高いが、中国では、清の皇帝が篤く信仰していた関帝《かんてい》（神格化された関羽）が、諸葛亮や曹操よりも物語の中で重く扱われている。

多少の違いはあるにせよ、日本でも中国でも、教養としての「三国志」の中核になっているのは『三国志演義』である。したがって本書では、基本的に『三国志演義』に基づいて解説を行う。ただし、『三国志演義』と史書の『三国志』の違いを知ることでより深い教養が身につくため、史書の『三国志』との比較も加えていく。

「魏志倭人伝」で日本が大国として描かれている理由

史書の『三国志』は、三国を統一する西晉（二六五〜三一六年）に仕えた陳寿《ちんじゅ》が書いたものである。三国時代が終わった直後の著作であるが、史実が正確に記録されているかといえば、そうではない。陳寿は、自らの仕える西晉にとって都合がいいように、巧みに脚色を加えて執筆した。「魏志倭人伝《ぎしわじんでん》」で日本が大国に描かれているのもその一例である。

日本で「魏志倭人伝」として有名な卑弥呼《ひみこ》に関する記録は、『三国志』東夷伝《とういでん》の倭国《わこく》の条にある。卑弥呼が曹魏に臣下と称して貢物《みつぎもの》を捧げたのは、諸葛亮を破った司馬懿が遼東《りょうとう》半島の公孫《こうそん》氏を滅ぼし、曹魏の勢力が朝鮮に直接及んだからである。そのため、楽浪郡《らくろう》（現在のピョンヤン付近）に送った卑弥呼の使者は、曹魏の首都である洛陽《らくよう》に送られた。すなわち、それまで中国に朝貢《ちょうこう》していなかった卑弥呼が、曹魏に使者を派遣したのは、司馬懿が公孫氏を滅ぼした功績なのである。司馬懿の孫の司馬炎が建国した西晉に仕える陳寿としては、国家の始祖の功績は輝かしく描かなくてはならない。それが、卑弥呼と邪馬台国《やまたいこく》が『三国志』で大きく取りあげられている理由である。

『三国志演義』の滅びの美学と判官贔屓

陳寿の『三国志』は、三国のうち曹魏を正統としているが、蜀漢への同情論とともに、蜀漢の肩を持つ議論も増えていった。朱子学の創設者である南宋《なんそう》の朱熹（朱子）は、蜀漢を正統とし、また人としては諸葛亮の「忠義」を尊重するべきだと主張した。そして朱子学が国家の官学だった明代には、蜀漢を正統とする歴史小説の『三国志演義』が普及した。『三国志演義』は、正統なる蜀漢が敗れていく「滅びの美学」を描いた物語なのである。

日本人が「三国志」に触れたのは平安時代の頃で、空海《くうかい》が書いた文章に諸葛亮の記述が出てくる。鎌倉時代になると、「三国志」は武家政権に受け入れられ、たとえば『太平記《たいへいき》』や『義経記《ぎけいき》』には、劉備と諸葛亮の「水魚《すいぎょ》の交わり」に関する記述が残っている。また、江戸の貝原益軒《かいばらえきけん》が書いた『武訓《ぶくん》』では、曹操は足利尊氏《あしかがたかうじ》と並び君主の国を奪った悪人、諸葛亮は楠木正成《くすのきまさしげ》と並ぶ忠義の人物とされている。曹操と諸葛亮に対するこのような評価は、曹魏を正統とする陳寿の『三国志』ではなく、蜀漢を正統とする『三国志演義』の歴史観に基づくものだ。日本人は『三国志演義』の影響を強く受け、蜀漢への判官贔屓《ほうがんびいき》をしながら「三国志」を受け入れてきたのである。

国を超えて愛される「三国志」の可能性

「三国志」は、学問としてだけでなく、娯楽や処世訓《しょせいくん》としても多くの人々に愛されてきた。誰もが興味を持つ多様なコンテンツを備え、エンターテイメントにもよくなじむ。小説、映画、ゲームなどさまざまな媒体を通して、熾烈《しれつ》な時代を生きた英雄に想いを馳せることができる。劉備に忠義を尽くす諸葛亮の生き方に感銘を受ける人もいれば、劉備と関羽、張飛の絆に涙する人もいるだろう。才気あふれる曹操に憧れたり、華やかな周瑜に胸をときめかせたりするのもよい。「三国志」には、人それぞれの感受性をもとにさまざまな受け取り方ができる懐《ふところ》の深さがある。

また、いろいろな形で「三国志」に触れ、その物語を知っていくと、中国の価値観や思考様式、深い知恵がちりばめられていることに気づくだろう。中国の文化を学ぶという観点でも「三国志」は有益である。

そういう意味では、「三国志」は、日本人と中国人をつなぐひとつの共通言語として機能し、日本と中国とをつなぐ架け橋としても役立つだろう。

第一章

三国志のなりたち——正史と演義の違い

「正統」な歴史を記した陳寿の『三国志』

『三国志』は、唐《とう》（六一八〜九〇七年）の時代に「正史《せいし》」と定められた。誤解されやすいが、正史とは、正しい史書という意味ではなく、国家の正統性を証明する史書である。正史は、本紀《ほんぎ》（皇帝の伝記）と列伝《れつでん》（臣下の伝記）で構成される紀伝体《きでんたい》で記され、本紀には、その国家にとっての「正統」な皇帝のエピソードが記される。

陳寿は、曹魏の禅譲《ぜんじょう》（正統に国家を譲り受けること）を受けた西晉の史家である。したがって、『三国志』（志は記すの意）の本紀には、曹魏の伝記のみが記され、劉備も孫権も列伝、つまり名目上は曹魏の臣下として記録されている。ただし、劉備と孫権の扱いには差がある。

蜀漢の旧臣である陳寿は、孫権の死去を「薨《こう》」、劉備の死去を「殂《そ》」と記した。『春秋《しゅんじゅう》』（孔子が編纂《へんさん》したとされる魯《ろ》の国の編年体《へんねんたい》の史書。儒教の経典《けいてん》である五経《ごきょう》の一つ）の用法において、「薨」は諸侯《しょこう》の死去に用いる文字である。一方で曹魏の諸帝の死去には「崩《ほう》」の字を使い、諸侯とは違う正統な天子であることを示す。

すなわち、陳寿は「春秋の筆法《ひっぽう》」（『春秋』の義例に従った毀誉褒貶《きよほうへん》を示すための史書の書き方）により、孫権の皇帝位を否定しているのである。

劉備に用いた「殂」は、『尚書《しょうしょ》』（堯《ぎょう》、舜《しゅん》、禹《う》などの聖帝の事績をまとめた経書《けいしょ》。五経の一つ）において堯の死去に用いられる文字である。後漢末期には、漢室は堯の子孫と考えられていた。そのため曹丕は、漢魏《かんぎ》革命を堯舜《ぎょうしゅん》革命（堯から舜への理想的な禅譲）に準《なぞら》えて正統化した。

そうした状況下で、陳寿が劉備の死去を「殂」と表現した。これは諸葛亮の「出《すい》師表《しのひょう》」（北伐に際して劉禅《りゅうぜん》に捧げた上奏文）で、劉備の死去が「崩殂《ほうそ》」と記されていることに倣ったものである。ただし「春秋の微意《びい》」（明確に書かずに仄《ほの》めかす筆法）をふまえて見ると、劉備が堯の子孫、つまり漢の後継者であることを示している。

また、季漢《きかん》という正式名称も、楊戯《ようぎ》伝の最後に『季漢輔臣賛《きかんほしんさん》』という書物を引用することで、陳寿が後世に伝えたものだ。陳寿は、自らが仕えた季漢が、漢を継承する正統な国家であったことを記録に留めようとしたのである。

しかし、これ以上の表現はできなかった。劉備が季漢を建国したのは、曹丕が後漢の禅譲を受けて曹魏を建国したことを否定するためである。劉備を後漢の継承者と位置づけることは、曹魏の正統、ひいては西晉の正統を否定しかねない。そのため陳寿は、三国それぞれの歴史を描くという形式で、劉備の正統性をにじませながらも、その国の歴史を「蜀」書として、つまり正式な国名である漢ではなく、地域名である蜀を冠してまとめたのである。

裴松之の注によって厚みを増した『三国志』

『三国志』は、曹魏の臣下の子孫たちが力を持っていた時代に書かれたため、差し障りがあって書けないことも多く、内容も非常に簡略なものだった。たとえば、劉備に仕えた趙雲について、『三国志』趙雲伝には、わずか二四六文字の記録しか残っていない。

そこで、劉宋《りゅうそう》（四二〇～四七九年）の文帝《ぶんてい》の命を受けた裴松之《はいしょうし》は、当時残っていた三国時代に関する史料を注という形で加えた。それが、四二九年に完成した『三国志』裴松之注（裴注《はいちゅう》と略称）である。

裴松之は、注を加えるにあたって、『三国志』のもとにもなった多数の書物を引用して『三国志』の記述を補った。裴注には二一〇種に及ぶ当時の文献が、史料批判と共に引用されている。史料批判とは、あらゆる角度から史料の正確性を考察する手法で、近代歴史学の基本となる方法論である。

裴注は、『三国志』の史学史的な価値を飛躍的に高めた。たとえば、『魏略《ぎりゃく》』と『九州春秋《きゅうしゅうしゅんじゅう》』には、劉備が諸葛亮を三度訪ねた「三顧《さんこ》の礼《れい》」はなかった、という記録がある。しかし、裴松之は、『三国志』諸葛亮伝の「出師表」に、三顧の礼が明記されていることを根拠に、これらの記録を否定する。こうした史料批判に基づく注の付け方は、儒教の経典解釈に用いられる訓詁《くんこ》学（文字の意味を説明する古典解釈学）とは異なっており、裴注は史学独自の方法論を確立し、儒教から「史」を自立させたといえる。

裴注の重要性は、史学史的な価値だけに止まらない。『三国志演義』の形成においても大きな影響を与えている。趙雲伝の裴注には、『趙雲別伝《べつでん》』という本の記述が一〇九六文字も引用されている。本文の四倍のボリュームである。しかも、裴注で伝えられる趙雲像は、本文からイメージするものとは大きく異なる。

『三国志』趙雲伝には、長坂坡《ちょうはんは》の戦いで阿斗《あと》（劉禅）を保護したことが書かれており、あとは北伐で曹真《そうしん》に敗れ、死後に順平侯《じゅんぺいこう》という称号を贈られたことが記されているだけである。評《ひょう》（伝記の終わりに附される陳寿の評価）において、趙雲を夏侯《かこう》嬰《えい》（前漢の建国者劉邦《りゅうほう》の御者《ぎょしゃ》、劉邦が捨てた子を拾って車を走らせた）になぞらえているように、陳寿の記した趙雲は、劉備家族の護衛隊長というイメージである。

一方、『趙雲別伝』では、趙雲は劉備と同じ床で眠ったとされ、長坂坡の戦いでの働きは、金石を貫くほどの節義と評価されている。また、孫夫人《そんふじん》（孫権の妹）が劉禅を呉に連れ帰ろうとするのを防ぎ、益州《えきしゅう》平定時には、成都《せいと》の建物・土地の分配に反対している。曹操に敗れた黄忠《こうちゅう》を救出して劉備に「子龍《しりょう》（趙雲の字）の身体はすべて肝っ玉である」と称賛され、一方で関羽の仇討ちのため、呉に攻め込もうとする劉備に真っ向から反対する。『趙雲別伝』の趙雲は、関羽、張飛と並ぶ腹心であり、君主の暴走をただちにいさめられる知勇兼備の将といえる。この『趙雲別伝』の影響を受けて、『三国志演義』では〝至誠の名将〟趙雲のイメージが作られていくのである。

東晋から始まった蜀漢正統論

裴松之は、蜀漢よりの注をつけながらも、蜀漢を正統とはみなさなかった。しかし、裴松之が仕えた劉宋より一つ前の東晋《とうしん》（三一七〜四二〇年）には、すでに蜀漢を正統とする史書は著されていた。習鑿歯《しゅうさくし》の『漢晋春秋《かんしんしゅんじゅう》』である。

『漢晋春秋』は、書名のとおり、前漢・後漢の正統は、蜀漢を経由して西晋に受け継がれ東晋が継承していると主張する。習鑿歯は、「周瑜・魯粛をいやしみ諸葛亮を評価する論」の中で、次のように書いている。

古今《ここん》の人物を論ずる際には、その人物の行為の根本、行動の源泉を考えねばならない。諸葛亮は、江南《こうなん》で臥龍《がりょう》として世に出なかったころには、管仲《かんちゅう》・楽毅《がくき》を理想として、漢を復興しようという志を持っていた。これは根本を尊ぶ心である。劉備は、漢の高祖《こうそ》劉邦の正統な一族で、その信義は当時に明らかであった。諸葛亮は劉備を助け、滅亡しかけている漢を復興し、途絶えた宗廟《そうびょう》の祭祀《さいし》を継承させようとした。この行為を誰が間違っていると言えようか。

（『太平御覧《たいへいぎょらん》』巻四百四十七）

習鑿歯が、劉備を助けて漢を復興したことに諸葛亮の正しさを求める背景には、当時の国際状況がある。東晉は、長安《ちょうあん》や洛陽を含む黄河流域の中原《ちゅうげん》を五胡《ごこ》と呼ばれる非漢民族に奪われ、長江下流域の江南に建てられた亡命政権であった。

それはまさに蜀漢と同じ境遇である。「いつかは中原を取り返す、そのために北伐を」と考える東晉の人々にとって、曹魏への北伐を続けながらも陣没した諸葛亮、および蜀漢は、自分たちの想いを投影しやすく、否定しがたい存在だったのだ。

諸葛亮の悲運を美しく詠んだ杜甫

三国から始まった分裂を統一した隋《ずい》（五八九〜六一八年）と、それを継承した唐では、当初から蜀漢正統論が支持されていたわけではない。七五五年から安史《あんし》の乱が起こり、中原が安禄山《あんろくざん》に奪われた後、蜀漢正統論が声高に主張されるようになった。その蜀漢正統論を叙情豊かに表現したのが杜甫《とほ》である。

杜甫は、自らも中原を追われ、蜀へと流浪する中で、諸葛亮を褒め称える詩をいくつも詠んでいる。中原を奪われた唐と、その官僚として無力な自分、それらと諸葛亮とを比べ、無念と憧れの思いを詩にしたのだ。

そうした杜甫の思いは『三国志演義』にも取り入れられており、諸葛亮が葬送される場面の最後に杜甫の詩を引用し、英雄の陣没を悼《いた》んでいる。

蜀相《しょくそう》

丞相《じょうしょう》の祠堂《しどう》何《いず》れの処にか尋ねん　錦官城《きんかんじょう》外　柏《はく》森森

階《かい》に映る碧草《へきそう》は自《おのずか》ら春色　葉を隔《へだ》つる黄鸝《こうり》は空しく好音
三顧頻煩《ひんぱん》なり天下の計　両朝開済《かいさい》す老臣の心
出師《すいし》未《いま》だ捷《か》たざるに身先づ死し　長《とこし》へに英雄をして涙襟《なみだえり》に　満たしむ
（『全唐詩』杜甫「蜀相」）

杜甫は、孫呉を滅ぼした西晉の杜預《どよ》の子孫である。にもかかわらず、志半ばでこの世を去った諸葛亮に対して、永遠に英雄の涙を誘わずにはおかない、と激しい感情移入を見せる。それは、安史の乱を避けた玄宗《げんそう》を追い、自らも成都《せいと》に至ったためであろう。杜甫は、諸葛亮を祀《まつ》る武侯祠《ぶこうし》でも、亮を讃える詩を詠んでいる。

詠懐古跡《えいかいこせき》
諸葛の大名《たいめい》宇宙に垂れ　宗臣の遺像粛《しゅく》として清高
三分割拠籌策《ちゅうさく》を紆《めぐ》らし　万古《ばんこ》雲霄《うんしょう》一羽毛
伯仲の間に伊呂《いりょ》を見　指揮若《も》し定まらば蕭曹《しょうそう》を失せしむ

福移りて漢祚《かんそ》恢復《かいふく》し難く　志《こころざし》は決するも身は軍務の労に殲《つ》く

（『全唐詩』杜甫「詠懐古跡五首」）

この詩では、国家のために戦い続けてついに倒れた諸葛亮の生涯が、美しく悲劇的に描かれている。杜甫は、諸葛亮の名声が時空を超えて輝き、伊尹《いいん》（殷建国の功臣）・呂尚《りょしょう》（周の建国を助けた太公望《たいこうぼう》）のようであったと称える一方で、その悲運も強調した。『三国志演義』に継承される「滅びの美学」である。

朱子によって完成する蜀漢正統論

蜀漢正統論は、南宋《なんそう》（一一二七～一二七九年）の朱子（朱熹）により完成される。東晉と同じく、南宋もまた中原を非漢民族に奪われていた。中原奪還を目指す南宋に生きた朱子は、蜀漢正統論を主張すべき政治的立場にあった。

北宋《ほくそう》（九六〇～一一二七年）では、諸葛亮への批判も出てくるようになった。だが朱子は、師と仰ぐ程頤《ていい》の諸葛亮批判に反論してまでも次のように擁護している。

> 程頤先生は、「諸葛亮は王佐《おうさ》の心を持っていたが、その行動は大義名分《たいぎめいぶん》を貫いたとは言いがたい」と述べている。……（しかし）諸葛亮は、天から与えられた才能が非常に豊かで、その心ばえも宏《ひろ》やかであった。……劉璋《りゅうしょう》を騙《だま》して益州《えきしゅう》を奪ったことは、おそらく劉備の策謀であって、諸葛亮の意思とは違っていたのではないか。……三代（夏《か》・殷《いん》・周《しゅう》という儒教の理想とする三つの時代）を下ると、義によって国家の形成を目指した者は、ただ一人諸葛亮がいるだけである。
>
> （『朱子語類《しゅしごるい》』巻一百三十六）

朱子は、益州を取るために劉璋を騙したのは劉備である、と諸葛亮を弁護する。大学者である朱子が、諸葛亮の「草廬対《そうろたい》（いわゆる天下三分の計）」に、劉璋の打倒が含まれていることを知らないわけはないが、それでも諸葛亮の思惑とは違うとし、夏・殷・周の「三代」以降、諸葛亮だけが義によって国家の形成を目指した、と手放しで諸葛亮を褒めちぎる。

そして朱子は、『資治通鑑綱目《しじつがんこうもく》』を編纂《へんさん》して、北宋の司馬光《しばこう》が『資治通鑑』のなかで曹魏の元号を用いて三国時代を記述したことを批判する。西方に押し込められていても、蜀漢こそが三国時代の正統な国家であると主張するのである。

元《げん》の中期以降、科挙（官僚登用試験）が朱子学を基準とするようになると、朱子による蜀漢への正統性の付与と「忠義」の臣下としての諸葛亮像は、国家的な評価になっていった。こうして国家の正統・閏統《じゅんとう》（存在は許容されるが正統ではない）を論ずる正閏《せいじゅん》論は決着する。

『三国志』以来、正統の地位を曹魏に奪われてきた蜀漢は、朱子学によって正統の地位を確立した。したがって、一四世紀に形成された『三国志演義』は蜀漢を正統とする歴史小説になっている。

「三国志」における創作の原型

『三国志演義』に含まれるフィクションの元となる数々の物語も、東晋から形成されていた。たとえば袁希之《えんきし》は『漢表伝《かんひょうでん》』に次のように記している。

夏六月、諸葛亮は兵糧が尽き軍隊を引き上げ、青封《せいほう》の木門《ぼくもん》に至った。張郃《ちょうこう》が追撃すると、諸葛亮は軍隊を留めて大木《たいぼく》の皮を削り、そこに「張郃はこの樹《き》の下で死ぬ」と書いた。そののち、木の道の両側に兵を伏せ、数千の強弩《きょうど》を持たせた。張郃がその木を見ると、一斉《いっせい》に矢が放たれ、張郃は射殺された。

（『太平御覧』巻二百九十一）

諸葛亮が張郃を射殺したことは『三国志』にも残っているが、これほど詳細ではない。実はこの描写は、『史記《しき》』に出てくる孫臏《そんひん》（孫子《そんし》、戦国魏の人。春秋呉の孫《そん》武《ぶ》とは別人）が、削った木の下で龐涓《ほうけん》を射殺した故事の剽窃《ひょうせつ》である。「三国志」の物語の形成は剽窃から始まったのである。

唐の仏教寺院では、説法《せっぽう》の際に人を集めるため、「語り物」を行う所があった。その「語り物」の一つとして、「死せる諸葛、生ける仲達《ちゅうたつ》を走らす」の原型が、仏教経典に残っている。そこでは諸葛亮の超人的な軍事能力が強調され、劉備の存命中に諸葛亮が軍を率いている。史実では、劉備の生前に諸葛亮が軍を率いたのは、益州救援の際だけである。「天才軍師」諸葛亮像の原点といえよう。

また、この物語では、土を足もとに置き、鏡に顔を映すことによって自身が死去したことを隠して敵の追撃を防ぐという諸葛亮の智謀も描かれている。死してなお敵を動かすという諸葛亮の神秘的な智謀も、諸葛亮像を形作る一要素になっていく。

宋に入ると商業都市が発達して各地で講談や演劇が行われるようになり、「三国志」の物語がどんどん発展していった。北宋の蘇軾《そしょく》は、「三国語り」を聞く子供の様子を次のように記録している。


子供がうるさいので、集めて座らせ三国志の話を聞かせた。劉備が敗れたと聞くと、眉をしきりとしかめ、泣く者もいる。曹操が敗れたと聞くと、喜んで快をさけぶ。

（蘇軾『意林』）

この記述からは、南宋の朱子の蜀漢正統論には、時代の後押しもあったのだろうということがうかがえる。

漫画形式でヒットした『三国志平話』

元（一二七一〜一三六八年）の時代には、漫画のような「三国志」が流行した。「三国語り」の台本に挿絵をつけたもので、日本に現存する『新全相三国志平話《しんぜんそうさんごくしへいわ》』もそのうちの一つである。「全相」とは、「全ての話に相（像）がある」という意味で、上に絵があり、絵に対応する文が下に付いている。

『三国志平話』（以下、平話）では、諸葛亮が神仙として描かれている。

諸葛亮は神仙で、若いころから修行を積み、天地の機微《きび》を知れるようになった。神鬼《じんき》も計りきれない亮の能力は、風をおこし雨をふらせ、豆を撒《ま》けば豆が兵卒となり、剣を振るえばそこが川になるという有り様であった。司馬懿はかつて言った、「……諸葛亮が人であるか、神であるか、仙人であるかを知ることができない」と。

（『三国志平話』巻中）

平話の諸葛亮は、風や雨を自由に操り、豆から兵を作り出す。唐代の語りものはここまで具体化され、さまざまな道術《どうじゅつ》を使う『三国志演義』の諸葛亮の原型となる。

さまざまな過程を経て広まった羅貫中の『三国志演義』

『三国志平話』などの三国物語をもとに、『三国志演義』をまとめたとされる羅貫

『三国志演義』の諸版本

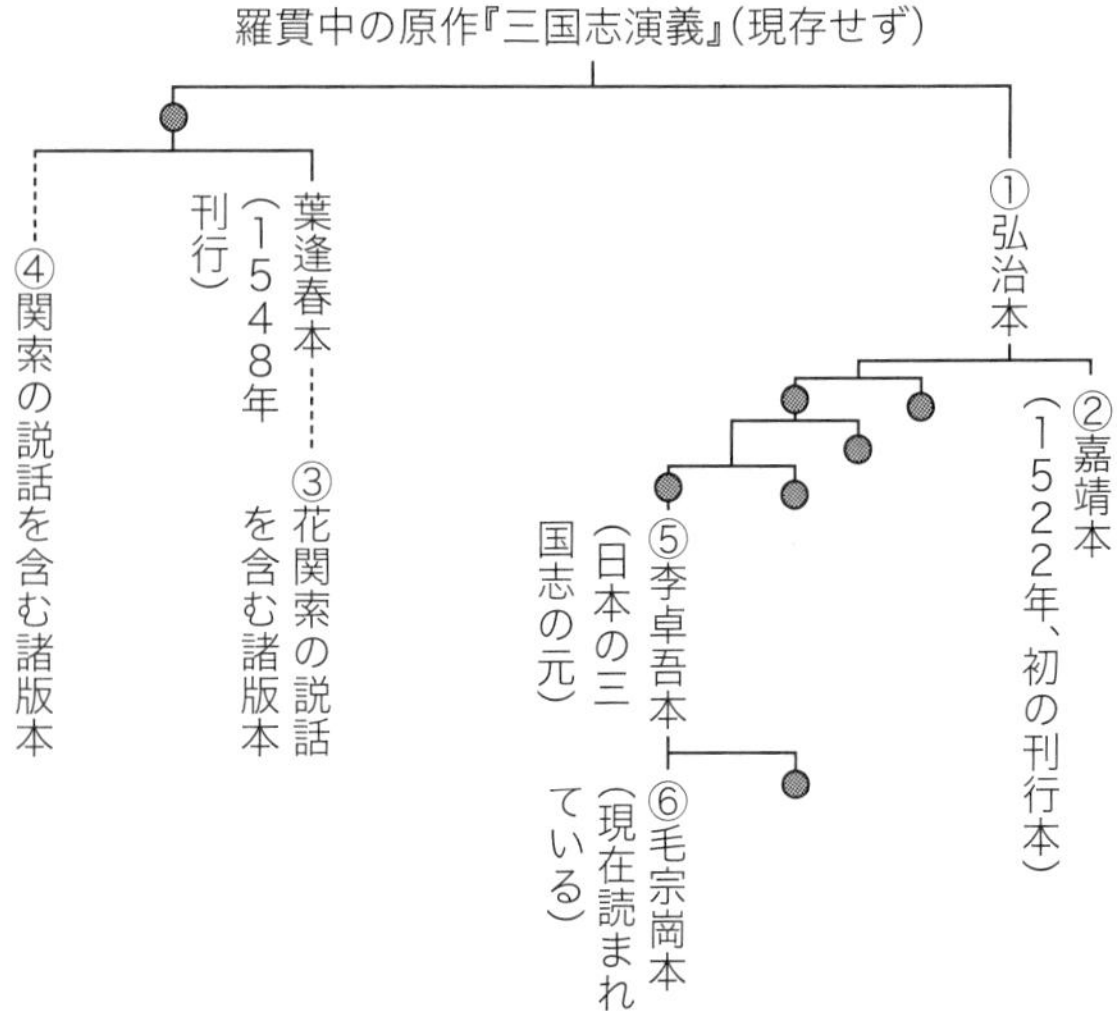

中は、元末・明初の戯曲・小説作家である。しかしその経歴はほとんど不明である。当時、儒教のありがたい経書と比べて、くだらない読み物である小説の地位は低く、軽視されていたためである。

『三国志演義』はまず、抄本（写本のこと。鈔本ともいう）として広まった。そのころの演義と想定されるものが、①弘治《こうち》七（一四九四）年の序を持つ抄本である。

こうした抄本をもとに、嘉靖《かせい》

元（一五二二）年には、木版印刷された『三国志演義』の刊本《かんぽん》（印刷本。版本）が出版される。それが現存最古の版本の②嘉靖本《かせいぼん》で、正式名称を『三国志通俗演義《つうぞくえんぎ》』という。

明代の長篇小説は、精細な叙述と詩詞《しし》で構成される「文繁本《ぶんはんぼん》（繁本）」と、挿絵《さしえ》を入れて文章を簡略化した「文簡本《ぶんかんぼん》（簡本）」に分けられ、繁本をもとに簡本が作られる。②嘉靖本、およびその流れを汲む⑤李卓吾本《りたくごほん》などは文繁本で、⑥毛宗崗本《もうそうこうぼん》も同じ系統である。そのほか③花関索《かかんさく》説話や④関索の説話を含む系統もある。だが、『三国志演義』の主流は、日本にも受容された⑤李卓吾本と、中国で広く親しまれた⑥毛宗崗本である。

嘉靖本の序文には、歴史における『春秋』の「義」（行動規範）の重要性と、それが通俗性に欠けて分かりにくいという問題が記されている。そして『三国志平話』などは誤りが多く君子が嫌ったため、陳寿の『三国志』を中心に事実を描くが、それほど難解にならないようにして読者への普及を願った、と書かれている。

ここでは『三国志通俗演義』という書名の由来が説明されている。要するに、

「三国志」の内容は難しいので、「通俗」性を高めて、「義」を「演《えん》」繹《えき》する、すなわち押し広めるということである。ここでの「義」とは、『春秋』の義であり、朱子の『資治通鑑綱目』でも示されている、毀誉褒貶を判断して勧善懲悪を行うための行動規範である。

このように道徳と歴史の観点から、小説の社会的・通俗的効用が説かれる背景には、近世中国における識字層の拡大と儒教の浸透があった。本を読む層が増え、朱子学に基づいて人々が蜀漢の正統を支持する世の中に、『三国志演義』は受け入れられたのである。

七割の史実と三割の虚構

『三国志演義』の物語にはいくつもの創作が加えられており、それを清《しん》の章学誠《しょうがくせい》は「七割の史実と三割の虚構」と評した。その虚構の多くは、曹魏に代わって正統を担った蜀漢、中でも、諸葛亮と関羽のために創作されたものである。

たとえば、『三国志演義』の赤壁の戦いでは、①「蔣幹《しょうかん》が周瑜の書を盗む」、②「連環《れんかん》の計」、③「十万本の矢を借りる」、④「東南の風を呼ぶ」、⑤「苦肉の計」、⑥「義により曹操を見逃す」という六つの虚構が挿入されている。③④が諸葛亮、⑥が関羽のための虚構である。

こうした虚構の中には、後から組み込まれたことが明らかに分かるものもある。たとえば嘉靖本では、曹操に降伏していた関羽が数々の障害を乗り越えて劉備のもとへ帰参する「千里独行《せんりどっこう》」のシーンで、「関公《かんこう》」という呼び名が何度も現れる。それ以外の場面では、関羽の呼び名は「関某《かんぼう》」（あえて名を記さない）、あるいは「雲長《うんちょう》」（関羽の字）である。神として崇拝されている関羽の名である「羽」を直接表記するのは畏れ多いということで、別の呼び名を使うわけだが、「千里独行」の部分だけ呼び名が他と違うため、後から挿入されたものだと考えられるのである。

李卓吾先生批評『三国志』（李卓吾本）は実は偽物

毛宗崗本の種本となった李卓吾先生批評『三国志』で、批評をしたとされる李卓吾は、明末の陽明学《ようめいがく》左派を代表する思想家である。ただし、李卓吾は『水滸伝《すいこでん》』には評を付けたが、『三国志』には付けていない。つまり李卓吾本は贋作《がんさく》なのである。

明末から活況を呈していた出版界は、読みやすい通俗文学に李卓吾の評を付けた。官僚の不正など社会悪が横行し、政情も不安定だった当時の人々の不満を評によって代弁させたのである。それが李卓吾評『忠義水滸伝《ちゅうぎすいこでん》』である。これがヒットすると、それを真似て偽の李卓吾評を付けた『水滸伝』が出回った。李卓吾先生批評『三国志』は、その『三国志演義』版である。したがって、その評は李卓吾のものではない。それでも、評を付けるという李卓吾本の手法は、毛宗崗批評『三国志演義』に継承されていく。

中国で最も一般的な『三国志演義』は毛宗崗本

⑤李卓吾本を底本として、清の中頃に毛綸《もうりん》・毛宗崗父子がまとめた毛宗崗本は、現代中国で広く読まれている一般的な『三国志演義』である。

毛宗崗本では、李卓吾本の記述の誤りを正し、不合理な記事が取り除かれた。そして三国物語が新たに挿入され、著者の批評が加わり、物語の首尾一貫を整えて『三国志演義』が一新された。

たとえば「漢寿亭侯《かんじゅていこう》」の話は、李卓吾本が受容された日本ではよく知られているが、毛宗崗本には入っていない。「漢寿亭侯」は、曹操のもとで功績を立てた関羽が寿亭侯に封建される、しかし関羽は喜ばない、そこで曹操は漢の字を追加して「漢寿亭侯」とした、すると関羽は曹操が自分をよく理解してくれていると喜んだ、という話だ。

この物語は、関羽の漢（劉備）への忠節と曹操との関係をよく表現したフィクションである。しかし、史実では関羽は「漢寿」という土地に封建された「亭侯」

なので、漢の文字を後から足したというのは創作だろう。そのため毛宗崗本では史実に合わせてこのエピソードを削除したのである。

一方、毛宗崗本では「秉燭達旦《へいしょくたつたん》」という創作のエピソードが加えられている。曹操が関羽の心を乱そうと、劉備の二人の夫人と同じ部屋に関羽を泊まらせた。すると関羽は燭を取って部屋の外に立ち、朝まで一睡もせずに警備をした、という話である。これは、すでに関帝聖君《かんていせいくん》として信仰されていた関羽の「男女の義」の尊重を示す。

毛宗崗本の特徴は、「三国志」における三人の突出した人物を「三絶《さんぜつ》」(絶は極み)と称して主役に据えることにある。一人は、優れた宰相の「智絶《ちぜつ》」諸葛亮、一人は傑出した武将であり、神として信仰されていた「義絶《ぎぜつ》」関羽である。そして、毛宗崗本の面白さは、三絶の一人に「奸絶《かんぜつ》」曹操を置くことにある。曹操は、人を欺くことに関して「絶」しているというわけである。

こうした曹操観は、蜀漢を正統とし、曹魏を僭国《せんこく》(皇帝を僭称する国)とする歴史認識に繫がる。この正統観は、曹魏を正統とする陳寿とは異なる。ここに、毛宗崗本が、物語を史実に近づけながらもフィクションを残した理由があるのだ。

第二章

三国志演義とはどういった物語なのか

豪族の成長と外戚・宦官の専横で漢が衰退

「そもそも天下の大勢は、分裂が長ければ必ず統一され、統一が長ければ必ず分裂する」。『三国志演義』はこうした歴史観の提示から始まる。四百年に及ぶ漢の統一を分裂させたのは、豪族《ごうぞく》の成長と外戚《がいせき》・宦官《かんがん》の専横であった。

豪族は、大土地所有を行い、国家の基盤である小農民の土地を取り上げ、それによって流民《るみん》が生まれる。国家は対策を打たねばならないが、皇帝の母方の一族である外戚や、宮中に仕える去勢された男子である宦官は、自らが豪族化し、あるいは悪どい豪族と手を組んで小農民の土地を奪い取った。

史書によれば、後漢の桓帝《かんてい》期に五千万を数えた人口は、三国の滅亡時には千二百万に減少した。もちろん戦乱で死去した者もいるが、多くは豪族に隷属したと考えてよい。もちろんすべての豪族が小農民の隷属化を進めるわけではない。諸葛亮や荀彧《じゅんいく》のように、大土地所有から離れ、文化に基づく名声を存立基盤に「名士《めいし》」として生きていく者もあった。ただ、「自ら耕した」と史書に記される諸葛亮も、自分ひとりで耕作したわけではない。それなりの下人を使用しなければ、書物を読み、師や友人と共に学ぶ時間は作れない。

国家が外戚や宦官により私物化され、農民の暮らしが苦しくなるなか、お札《ふだ》と聖水《せいすい》で病気を治し、黄天《こうてん》の建設を説いたのが、張角《ちょうかく》の太平道《たいへいどう》である。かれらが光和《こうわ》七（一八四）年に起こした農民反乱は、そのトレードマークである黄色の頭巾から黄巾《こうきん》の乱と呼ばれる。『三国志演義』では、黄巾の乱平定のために立ち上がった三人の男が桃園《とうえん》で義を結ぶ場面が、物語の幕開けとなっている。

劉備、関羽、張飛、桃園に義を結ぶ

中山靖王《ちゅうざんせいおう》劉勝《りゅうしょう》（前漢の武帝の異母兄）の末裔で、筵《むしろ》を織り草鞋《わらじ》を売って暮らしていた劉備は、黄巾の乱平定の義勇兵募集の高札《こうさつ》を見て溜息《ためいき》をついていた。すると背後から「国に力も尽くさず、何を嘆息するか」と張飛に声をかけられた。同じ思いを胸に持つ二人が意気投合して酒を酌み交わしていると、九尺（明尺だと約二八八センチ）の大男が入ってくる。関羽である。三人は、桃園で天地《てんち》神明《しんめい》を祭り、兄弟の契《ちぎ》りを結ぶ。

三人は、商人から馬と資金の援助を受け、義兵を挙げた。劉備は、かつて師事した盧植《ろしょく》が黄巾の首領である張角と戦っていると聞いて、すぐに盧植のもとに駆けつける。そこで盧植の依頼を受け、張角の弟である張梁《ちょうりょう》、張宝《ちょうほう》と対陣する皇甫嵩《こうほすう》、朱儁《しゅしゅん》に加勢すべく潁川《えいせん》郡に向かう。張梁は皇甫嵩がすでに倒しており、劉備は朱儁と共に張宝と戦った。そこに孫堅《そんけん》も加勢して張宝を破り、朱儁は二人の功績を上奏した。

豪族の出身でコネのあった孫堅には恩賞が与えられた。また、別に戦っていた曹操は、祖父の曹騰《そうとう》が宦官として莫大な富を蓄えていたこともあり、高級官僚に出世した。しかし、劉備に恩賞が与えられるという話はなかなか聞こえてこない。やっと得た地位も安喜《あんき》県の県尉《けんい》（警察所長）に過ぎなかったし、その地位も、督郵《とくゆう》（郡の監察を担当する属吏）という小役人《こやくにん》に賄賂を渡さなければ守れないものだった。こんな役人のせいで漢は衰退するのだと、張飛は督郵を鞭《むち》打った。劉備は捲土重来《けんどちょうらい》

後漢の十三州と英雄の出身地

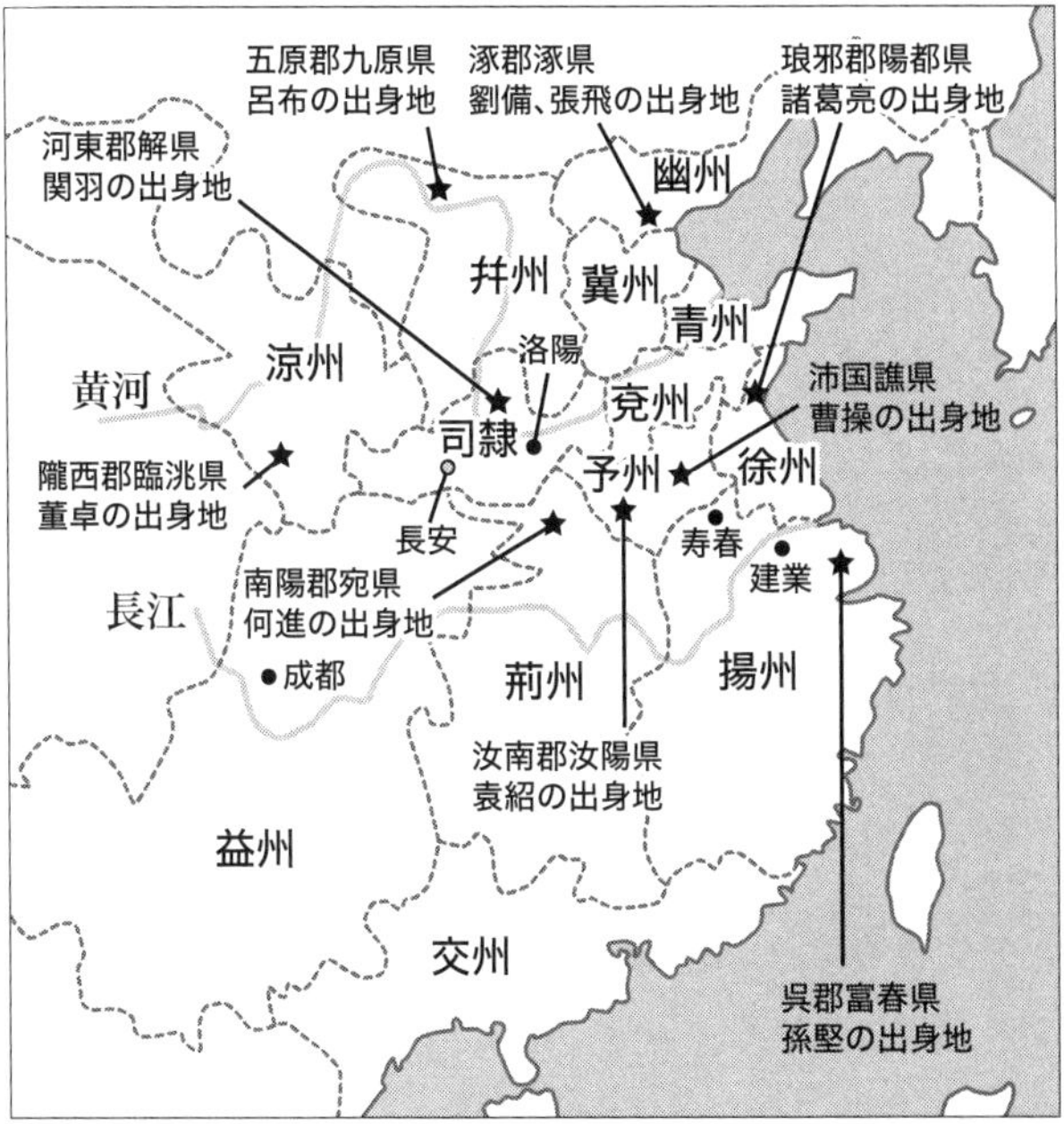

を期すしかなかった。

黄巾の乱を平定後も宦官と外戚の対立が続き、後漢は復興しなかった。外戚の何進《かしん》は腐敗した宦官を討ち滅ぼすために、強力な軍隊を地方から洛陽に呼び寄せようとするが、宦官に先手を打たれ、何進は宮中で殺される。何進と計画を練っていた袁紹《えんしょう》は宦官を皆殺しにするが、少帝《しょうてい》は宦官の残党に連れ去られて彷徨《さまよ》うことになってしまう。

非道の限りを尽くす董卓

そんな中、涼州から董卓《とうたく》が到着する。おどおどしている少帝に比べて、堂々と対応する弟の陳留《ちんりゅう》王に感心した董卓は、洛陽に乗り込んで権勢を手にすると、少帝を廃して陳留王を立て、全権を掌握しようとした。しかし荊州刺史《けいしゅうしし》の丁原《ていげん》がこれに反発する。翌日、丁原は、養子の呂布《りょふ》の圧倒的な武力によって董卓を破る。

しかし、董卓は名馬「赤兎馬《せきとば》」と金銀宝玉を贈って呂布を寝返らせる。呂布は丁原の首を手土産に董卓の養子となった。無敵の武勇を誇る呂布を手に入れた董卓は、再び皇帝の廃立を唱える。しかし今度は袁紹が反対した。袁紹は四代にわたって三《さん》公《こう》を輩出し、「四世三公《しせいさんこう》」と讃えられた名門の出身である。

袁紹と董卓は互いに刀を抜いてにらみ合ったが、やがて袁紹は冀州《きしゅう》へ立ち去る。董卓は少帝を廃して九歳の献帝《けんてい》を立て、自分は相国《しょうこく》（総理の上の位）の位に就いた。

そして宮女を姦淫《かんいん》して天子の寝台で眠る、村祭りを襲撃して農民を殺戮《さつりく》するなど、非道の限りを尽くした。

司徒《しと》（三人の総理大臣「三公」の一人）の王允《おういん》は、誕生日と称して古くからの漢の臣下を集め、漢の命運を憂いて泣いた。臣下たちもみな泣いていたが、ひとりだけ大笑いしている者がいる。曹操である。「董卓を泣き殺せますかな」と言う曹操は王允から宝刀を譲り受け、董卓暗殺を実行する。

しかし、曹操の董卓暗殺は失敗。曹操は陳宮《ちんきゅう》の助けを得て郷里に帰り、偽の詔書《しょうしょ》（皇帝の命令書）を各地に送って董卓誅滅《ちゅうめつ》の義兵を募った。そして十七鎮諸侯《しょこう》が呼びかけに応じ、袁紹を反董卓連合軍の盟主とした。先鋒は孫堅だった。洛陽の東の汜水関《しすいかん》を攻め、董卓の武将である華雄《かゆう》と戦う。だが、孫堅に対する讒言《ざんげん》を信じた袁《えん》術《じゅつ》が兵糧を送らなかったため、孫堅は敗れてしまう。華雄は袁紹の本陣に迫り、何人もの大将を討ち取る。そんななか、末席に控えていた劉備の義弟、関羽が立ち上がる。関羽は曹操から注がれた酒がまだ熱いうちに華雄を斬り捨て、董卓の軍を破った。

董卓に焼き払われた洛陽

　華雄を失ってあわてた董卓は、呂布を率いて虎牢関《ころうかん》に向かう。その呂布の前に立ち塞がったのが、張飛である。関羽と劉備も加勢し、回り灯籠《とうろう》のように力を合わせ戦うことで、なんとか呂布を退けた。董卓は、守りにくい洛陽を棄て、献帝を連れて軍事拠点として優れる長安に遷都する。その際、洛陽の町は焼き払われ、墓陵も荒らされた。時に初平《しょへい》元（一九〇）年、献帝が即位してわずか半年で、洛陽は廃墟と化し、漢は事実上滅亡した。

　連合軍は、孫堅を先頭に洛陽に乗り込んだ。曹操は董卓の追撃を主張するが、袁紹ら諸侯の関心は、董卓が放棄した関東（函谷関《かんこくかん》より東）を誰が取るのかということだった。ひとり追撃した曹操は、呂布によって敗退させられる。

　一方、洛陽では、孫堅が井戸から、秦《しん》の始皇帝《しこうてい》以来、皇帝が受け継いできた「伝国の玉璽《ぎょくじ》」を発見する。孫堅は仮病を使い、そのまま黙って帰国しようとするが、袁紹は玉璽のことを知っていた。「貴公の病気は、伝国の玉璽のせいであろう」。そう言われた孫堅は「もし、それを隠し持っていたなら、私は将来、まっとうな死に方ができず、戦禍によって死ぬことになりましょう」と言い放って玉璽を隠し通した。

曹操が大敗を喫して戻ってきたときには孫堅はすでに帰国しており、董卓と戦おうとする諸侯はいなかったため、曹操は自軍を率いて揚州《ようしゅう》に向かった。公孫瓚《こうそんさん》も陣営を引き払って北に戻り、劉備を平原相《へいげんしょう》に任命した。

群雄割拠と孫堅の死

盟主の袁紹もまた、軍を率いて洛陽を離れた。このとき冀州牧《ぼく》の韓馥《かんふく》から軍糧が届く。韓馥は袁氏の故吏《こり》（もとの部下）であった。「四世三公」の家柄である袁氏は支持者も多く、全国に故吏がいる。それが袁紹と袁術の力の基盤である。

袁紹の謀士である逢紀《ほうき》は、韓馥の善意を利用して冀州を乗っ取る計画を立てる。

「ひそかに使者を派遣して、公孫瓚に冀州を攻めさせれば、韓馥は将軍に冀州を引き受けて欲しいと要請するでしょう」。袁紹からの手紙を受け取った公孫瓚は、ともに冀州を攻め、土地を分け合おうと書かれているのを見て大いに喜び、その日のうちに兵を出した。

逢紀の狙い通りにことは進み、韓馥の部下の荀諶《じゅんしん》（荀彧の弟）は、袁紹と共に冀州を治めることを勧める。袁紹は軍勢を率いて冀州を掌握し、韓馥は家族を棄てて張邈《ちょうばく》のもとに逃げた。おさまらないのはまんまと利用された公孫瓚である。約束どおり冀州を折半するよう交渉に行かせた弟の公孫越《こうそんえつ》が殺されると、全軍を挙げて冀州に侵入した。

袁紹軍に圧倒され、文醜《ぶんしゅう》に殺されそうな公孫瓚を救ったのは、趙雲であった。趙雲は、周りのものがみな袁紹に味方するなか、袁紹には忠義も民を救う心もないと感じ、公孫瓚につこうと考えていたところであったという。翌日の戦いでも公孫瓚は趙雲に救われたが、それでも危機に陥ったとき、山かげから劉備軍が現れる。袁紹との戦いの知らせを聞いて、平原国《へいげん》から加勢に駆けつけたのだ。袁紹が引き上げた後、趙雲と話した劉備は、彼をいたく気に入った。

南方では、孫堅が帰国の邪魔をされた荊州《けいしゅう》牧の劉表《りゅうひょう》を攻め立てていた。黄祖《こうそ》が守る樊城《はんじょう》を突破し、襄陽《じょうよう》を攻めて蔡瑁《さいぼう》を破り、襄陽城を包囲した。劉表は呂公《りょこう》に命じて袁紹に救援を求める一方で、峴山《けんざん》に伏兵を潜ませて追撃の軍勢に備えた。呂公が東門から出たことに気づいた孫堅は、すぐさま馬にまたがり、三十騎あまりを率いて追撃する。峴山まで追ったところで、山上から大石が落とされ、林から一斉に矢が放たれる。孫堅は洛陽で自分が言った言葉の通り命を落とす。享年三十七歳だった。

献帝を擁立した曹操

孫堅の死を聞いた董卓はご機嫌で、横暴な振る舞いは増すばかりであった。王允は、「美女連環《びじょれんかん》の計」を用いて、董卓の打倒を狙う。董卓と呂布が共に好色漢《こうしょくかん》であることを利用し、歌姫の貂蝉《ちょうせん》を使い二人を仲違いさせる。王允に誘われた呂布は、董卓を討つことを決意する。王允は偽詔で董卓を呼び寄せ、呂布が殺害した。初平三（一九二）年、董卓は五十四歳であった。王允は董卓の部下も許そうとしなかったため、李傕《りかく》と郭汜《かくし》が部下を集めて王允を襲撃する。頼みの呂布は謀計によって敗れ、袁術のもとに逃げた。王允は李傕と郭汜に殺され、二人は董卓に代わって長安で横暴の限りを尽くすようになった。

そのころ、曹操は兗州《えんしゅう》で黄巾の残党を降伏させて青州兵《せいしゅうへい》として組織し、急激に力を伸ばしていた。長安で暴れていた李傕と郭汜は仲間割れを始め、その隙に献帝は長安を出て洛陽に辿り着き、曹操に二人を討伐するよう詔《みことのり》を下す。曹操は、二人を破ったのち、洛陽が廃墟となったのを口実に、許への遷都を強行する。

こうして群雄の割拠は、献帝を擁立した曹操と、河北の統一を進める袁紹との対立に収斂《しゅうれん》していく。

献帝を擁立した曹操は、その権威を最大限に活用する。陶謙《とうけん》から徐州《じょしゅう》を譲り受けた劉備のもとには、呂布が身を寄せていた。荀彧の「二虎競食《にこきょうしょく》の計」に基づき、曹操は劉備に呂布を殺すよう命じる。しかし劉備はこれに乗ってこない。すると曹操は、荀彧の「駆虎呑狼《くこどんろう》の計」に基づき、劉備に袁術を攻撃させて、呂布の徐州乗っ取りを成功させる。かくして劉備は曹操に降伏した。一方、呂布は下邳《かひ》の戦いで曹操に敗退する。

曹操はまた、あえて傲慢に振る舞うことで反対派を炙《あぶ》り出した。曹操の無礼な言動を許せない献帝は、皇后の父である伏完《ふくかん》と相談し、曹操誅伐を命じる密詔《みっしょう》を玉帯に縫い込み、車騎《しゃき》将軍の董承《とうしょう》に下賜《かし》した。董承は、王子服《おうじふく》や馬騰《ばとう》などの仲間を集めて血盟を結ぶ。やがて、董承は曹操に追い詰められて殺された。

劉備も血盟に加わり、曹操から疑われることになった。董承に密詔を見せられて血盟に加わってから、劉備は畑仕事に精を出して目立たないようにしていたが、おとなしすぎて逆に怪しかったのだろう。曹操に呼び出され、「天下の英雄は、君とわたしだけである」と探りを入れられる。野心を隠していた劉備はその言葉に動揺して箸《はし》を落としてしまうが、たまたま鳴り響いた雷に怯えるふりをしてその場をごまかした。翌日、劉備は袁術討伐を名目に曹操から離れ、袁術が死ぬと、そのまま徐州に腰を据えた。曹操からの報復を恐れる劉備は、大学者の鄭玄《じょうげん》を通じて袁紹に救援を求め、袁紹は曹操討伐の兵を挙げる。

曹操と袁紹による「官渡の戦い」

優柔不断な袁紹の性格を知る曹操は、両面作戦を避けるため、まず劉備を攻めた。劉備は敗れ、関羽と妻子を奪われて、袁紹のもとに逃げた。劉備は大義を説いて、袁紹に曹操討伐を決意させる。官渡《かんと》の戦いである。白馬《はくば》が前哨戦の舞台となった。袁紹の先鋒《せんぽう》・顔良《がんりょう》は、曹操側の二将を討ち取ったが、関羽に首を斬られる。続いて顔良の仇討ちに出た文醜も関羽に斬られ、袁紹は憤慨する。

劉備は袁紹軍から抜け出して関羽と合流し、汝南《じょなん》郡で曹操に抵抗した。劉備に騙《だま》された袁紹は、孫策《そんさく》と結んで曹操の背後を攻めさせようとする。しかし許都《きょと》襲撃の計画中、孫策はかつて滅ぼした許貢《きょこう》の食客に襲われて矢を受け、于吉《うきつ》の呪いによって命を落とす。曹操は、孫策の後を嗣《つ》いだ孫権に将軍号を贈って同盟を結び、背後を固めた。

袁紹は単独で曹操を討つ覚悟を決め、許都へ進軍する。曹操は許都防衛の要所である官渡でこれを迎え撃つ。戦いは袁紹優勢で進んだが、袁紹の参謀であった許攸《きょゆう》が曹操に降伏し、烏巣《うそう》の軍糧の焼き討ちを提案する。曹操は自ら烏巣を襲撃し、袁紹軍は壊滅した。曹操は、子たちの分裂を煽って袁氏を滅ぼし、建安《けんあん》十二（二〇七）年、華北を統一した。そのころ、主な群雄は、荊州の劉表、江東の孫権《そんけん》、益州《えきしゅう》の劉璋《りゅうしょう》、関中の馬超《ばちょう》などに絞られていた。

「三顧の礼」で諸葛亮を迎える劉備

曹操と袁紹が華北で決戦を繰り広げていたころ、荊州は平和であった。荊州牧の劉表が、蔡瑁《さいぼう》・蒯越《かいえつ》をはじめとする荊州名士の協力を得て、安定した統治を行っていたからである。曹操に敗れた劉備は、同じ漢の宗室である劉表の信頼を得て、客将として新野《しんや》に駐屯した。戦いから遠ざかっている劉備が、ももに贅肉《ぜいにく》がついてしまったことを嘆く髀肉《ひにく》の嘆《たん》を漏らしたのは、この頃である。司馬徽《しばき》（水鏡先生《すいきょうせんせい》）から、国を治め世を救う人材が配下にいないから大事を成し遂げられないのだ、という指摘を受けた劉備は、司馬徽が高く評価する臥龍《がりょう》・鳳雛《ほうすう》という人物を探しはじめる。

やがて劉備は、単福《ぜんふく》という軍師を得る。単福は、呂曠《りょこう》・呂翔《りょしょう》の軍を破り、さらに曹仁《そうじん》の八門金鎖《はちもんきんさ》の陣を破って勝利を納めた。劉備が曹操軍を破ったのは、これが最初である。今までの劉備とは異なる用兵に驚いた曹操は、それが単福と名乗る徐庶《じょしょ》の策であると知り、徐庶の老母を連行して軟禁する。そして程昱《ていいく》が偽の手紙を書いて、徐庶をおびき出した。親孝行の徐庶は断腸の思いで劉備と別れることを決め、曹操の下に赴く。徐庶は別れ際、臥龍とは、諸葛亮のことであると劉備に明かして推挙した。劉備は、三顧の礼を尽くして諸葛亮を招聘《しょうへい》する。

最初に劉備が諸葛亮の草廬《そうろ》を訪ねたとき、諸葛亮はおらず、帰り道で友人の崔州《さいしゅう》平《へい》に、漢室復興は不可能である、との話を聞かされた。それでも劉備の気持ちは変わらない。吹雪の中、再び諸葛亮の草廬へ行くと、またも諸葛亮はおらず、弟の諸《しょ》葛均《かっきん》に手紙を託した。翌年の新春、劉備は三たび草廬を訪ねる。

劉備の仁に絆《ほだ》された諸葛亮は、劉備に「天下三分の計」を伝える。天下三分はあくまで過程のひとつであり、最終的には天下の統一を目指す壮大な戦略である。劉備は喜んでこれを採用し、諸葛亮を軍師に迎えて全権を委譲した。面白くないのは、関羽と張飛である。劉備は「わたしと諸葛亮は、魚と水のようなものである」と説明した。有名な「水魚の交わり」である。やがて諸葛亮が、攻め寄せてきた夏侯惇《かこうとん》を火攻めの計により博望坡《はくぼうは》で破ると、関羽・張飛も諸葛亮の力量を認めるようになった。

夏侯惇が敗れると、曹操は、五十万の大軍を自ら率いて南征《なんせい》に赴く。曹操は、丞《じょう》相《しょう》となって国内の権威を高めると共に、荊州より江東を征服し、天下統一を目指していたのである。

そのころ荊州では、劉表が死の床にあった。本来なら長子の劉琦《りゅうき》が後を継ぐべきだが、蔡瑁は姉の蔡《さい》夫人が生んだ次子の劉琮《りゅうそう》を立てようとした。劉琦は見舞いすら断られ、江夏《こうか》の守備に戻った。劉表が死去すると、蔡瑁は荊州を曹操に献上するよう劉琮に進言した。蔡瑁は、劉琦の後見人である劉備を曹操に殺させる腹積もりだったわけである。

関羽が劉琮の使者宋忠《そうちゅう》を捕らえたことで全貌を把握した劉備は、新野を棄てて樊《はん》城《じょう》に立て籠もる。そして諸葛亮の計略によって先鋒の曹仁を破り、襄陽に着いた。諸葛亮は、劉琮を殺して襄陽を取るように進言するが、劉備は劉表に対する恩を理由に襄陽を離れ、江陵《こうりょう》に向かった。

劉備・孫権が曹操に立ち向かう「赤壁の戦い」

襄陽に到着した曹操は、劉琮と蔡夫人を暗殺して荊州の支配を固めた。その後、精鋭を率いて劉備を追撃する。劉備は、自分を慕って付いて来る領民を見捨てなかったため、進軍が遅く、当陽《とうよう》の長坂《ちょうはん》坡《は》で曹操に追いつかれた。途中、関羽を江夏の劉琦のもとに行かせ、諸葛亮も呉に救援を求めに行かせたため、劉備を守るのは趙雲と張飛だけだった。

趙雲は乱戦のなかで、劉備の息子である劉禅（阿斗）を探し、雲霞《うんか》の如く押し寄せる曹軍の中を逆行しながら突き進む。立ちはだかる夏侯恩《かこうおん》を殺して名刀「青釭《せいこう》」を奪い、重傷をおった糜《び》夫人を見つけるが、夫人は自ら命を絶ち、阿斗を趙雲に託す。阿斗を抱いた趙雲を見つけた曹操が名を問うと、趙雲は「われこそは常山《じょうざん》の趙子龍なり」と答え、阿斗を守りながら百万の曹軍を駆け抜け、長坂橋まで逃げた。

そして曹操軍の追手を食い止めるために、張飛が一人、橋に立ち塞がる。長坂橋の東の林から、もうもうと土煙が上がる。曹操の軍勢は伏兵を警戒して誰も前に出ない。曹操がやってくると、張飛は「われこそは燕人張翼徳《えんひとちょうよくとく》である。命がけで勝負をする者はおらんのか」と雷鳴のような声で叫んだ。その迫力に気圧された夏侯傑《かこうけつ》が落馬する。曹操も逃げ出し、軍勢は一斉に退却した。

なんとか夏口《かこう》に着いた劉備は、諸葛亮、関羽、劉琦と合流する。諸葛亮は、劉表の弔問にきた魯粛《ろしゅく》に同行して、呉との同盟を目指す。諸葛亮は、張昭《ちょうしょう》ら降伏論者を論破し、孫権の自尊心をくすぐり、周瑜を焚《た》きつけて、呉を決戦へと導く。諸葛亮を警戒する周瑜の嫌がらせをいなし、火攻めの戦術を確認しあい、「鳳雛」龐統《ほうとう》の「連環の計」により曹操の軍船を結ばせる。そして七星壇《しちせいだん》に立って、火攻めの成功に不可欠な東南の風を祈った。

周瑜が外に出ると、東南の強風が吹いていた。風さえも自らの思うままに操ってみせた諸葛亮の力を恐れた周瑜は諸葛亮を殺そうとするが、魯粛に諫められて曹操へと軍を向ける。火攻めは見事に成功した。

赤壁の戦いで曹操を破った主力は呉であったが、結局、荊州を領有することはできなかった。諸葛亮に出し抜かれ続けた周瑜が、矢傷を悪化させ、憤死したからである。周瑜は天を仰ぎ、「わたしをこの世に生まれさせながら、どうしてまた諸葛亮を生まれさせたのか」と叫んで絶命した。時に三十六歳、建安十五（二一〇）年の冬であった。

一方、劉備は「白眉《はくび》」馬良《ばりょう》の進言により、荊州南部の四郡を領有した。また、孫権が妹と劉備の婚姻を装い、劉備を捕らえようとした際には、諸葛亮の命を受けた趙雲の活躍によって、妹を娶《めと》ったうえで呉より脱出した。「天下三分の計」に基づき、益州の領有を目指す準備が整った。

劉備が蜀を手に入れる

建安十六（二一一）年、益州牧の劉璋から劉備に出兵の要請があった。劉備は、龐統を軍師に、黄忠《こうちゅう》と魏延《ぎえん》を先鋒として入蜀《にゅうしょく》を開始した。

劉璋の要請は、良い君主を得たいと願う劉璋の臣下張松《ちょうしょう》や法正《ほうせい》の画策により実現した。劉璋の父の劉焉《りゅうえん》の時には従っていた漢中《かんちゅう》の張魯《ちょうろ》が、反旗を翻して攻撃してくるので、劉備に張魯を防がせるというのが表向きの理由である。しかし、実際には、劉備を入蜀させてそのまま益州を支配させようとする策であった。もちろん、劉璋の臣下のなかにはその思惑を見抜いて反対する者もいた。黄権《こうけん》は劉璋の衣をくわえて諫め、王累《おうるい》は城門に逆さ吊りになり、まさに命がけで劉璋を止めようとしたが、劉璋は聞き入れず王累はそのまま自害した。そして劉璋は、劉備を迎え、涪《ほう》城で会見した。龐統は席上で劉璋を討つように勧めたが、劉備は従わない。やがて張魯が葭萌関《かぼうかん》に攻め寄せてきたので、劉備は軍を進め、民に恩恵を与えて、その心をつかんだ。

劉備の入蜀は呉へと伝わり、孫権はこの機に荊州の獲得を目指した。まず劉備の夫人となっていた妹を、母の病状が悪いと偽って帰国させた。七歳になっていた劉禅も連れ去ろうとしたが、これは趙雲に阻まれる。孫権は、建業《けんぎょう》（現在の南京）に都を移し、そこを拠点に荊州への侵攻を図る。ところが、同じく劉備の入蜀をチャンスとみた曹操が、四十万の兵を率いて呉に南下する。孫権は、建業の南西の濡須《じゅしゅ》に出城を築き、劉備に救援を求める手紙を送る一方で、劉璋には劉備の野望に注意を促す手紙、張魯には攻め込むよう勧める手紙を送り、劉備の挟撃を画策した。

窮地に陥った劉備は、兵力不足を理由に、精兵三、四万と兵糧十万石《せき》の借用を劉璋に申し入れた。劉璋は劉備を信頼していたが、臣下の勧めに従い、老兵四千と兵糧一万石だけを貸し与えることにした。珍しく気色ばんで怒る劉備に、龐統はこのますぐに成都へ攻め込む上策、楊懐《ようかい》・高沛《こうはい》を斬って涪水関《ふうすいかん》を取る中策、荊州に戻る下策の三策を提示する。劉備は中策を選び、涪水関で楊懐・高沛を討って雒《らく》城へと進軍したが、落鳳坡《らくほうは》で龐統が張任《ちょうじん》に射殺されてしまう。諸葛亮は、荊州に関羽をひとり残し、張飛と趙雲を率いて劉備の救援に向かうと、雒城を陥《おと》して張任を斬り、張魯に従っていた馬超を謀略で帰順させて、成都《せいと》を包囲した。

劉璋は降伏して城を劉備に明け渡した。劉備は、自らの入蜀に反対していた黄権、厳顔《げんがん》、李厳《りげん》などの劉璋の旧臣も重用し、政権の土台を固めた。時は建安十九（二一四）年、桃園の結義から三十年、三顧の礼から七年を経て、劉備はついに蜀の支配者となり、「天下三分の計」の第一段階が実現する。

さらに劉備は漢中に進撃して、曹操と対峙する。老将黄忠が、漢中に駐屯する夏《か》侯淵《こうえん》を定軍山《ていぐんさん》で斬ると、曹操は撤退し、劉備は漢中を領有した。この間、曹操は献帝を圧迫して魏王《ぎおう》の地位に就いていた。皇帝の座に王手をかけた形である。

劉備も曹操に対抗し、諸葛亮らに勧められて漢中王の地位に就いて、劉禅を世嗣《せいし》と定めた。建安二十四（二一九）年、まさに劉備の全盛期であった。

孫権が関羽を斬首

劉備は当初、他に根拠地を得れば荊州を返還すると約束していた。だが、いざ益州を領有しても荊州を返さなかった。漢中で敗れた曹操はこれを見て、司馬懿の計略にそって、孫権に書簡を送り、協力して荊州の関羽を攻めようと提案した。それに対して孫権は、まず曹仁が関羽を攻めるように要求したため、曹操は樊城の曹仁に、江陵《こうりょう》の関羽を攻める準備をさせる。それを知った劉備は、先手を打って曹仁を攻めるよう関羽に命じた。また、曹操は于禁《うきん》と龐徳《ほうとく》の二人を曹仁の援軍として送った。

援軍としてやってきた龐徳は、関羽に一騎討ちを挑む。真っ向勝負では叶わなかったが、関羽の隙をついて左腕に矢を命中させた。一方、関羽は、秋の大雨で襄《じょう》水《すい》の水かさが増したことを利用し、上流を塞き止めてから一気に水攻めを実行した。于禁は降伏し、龐徳は周倉《しゅうそう》に水中で生け捕りにされた。

樊城も水浸しになったが、曹仁は死力を尽くして守り抜き、関羽の右肘《ひじ》に毒矢をあてた。肘が毒で腫《は》れ上がって動かせなくなってしまった関羽は、名医の華佗《かだ》に相談する。華佗は一目で鳥兜《とりかぶと》の毒と判断し、治療するには骨を削らなければならないと言う。関羽は馬良と碁を打ちながら、肘を伸ばして切開させる。華佗が骨を削ると、ぎしぎしと嫌な音が響き、周りで見ていた者は青ざめたが、当の関羽は何事もないように食事を楽しみ、談笑しながら碁を打っていた。

曹操軍との戦いで関羽の名は天下に知れ渡った。曹操は遷都を群臣に図り、司馬懿は、呉に関羽の背後を討たせるよう進言する。呉では、親劉備派の魯粛が死去し、荊州の軍事は呂蒙《りょもう》に任されていた。関羽は樊城に向かったが、呂蒙を警戒して、公安《こうあん》や江陵に十分な兵を残し、烽火台《のろし》を置いて呉の来襲に備えていた。そこで呂蒙は、関羽を油断させるため、職を辞して建業に帰り、後任に陸遜《りくそん》を推薦した。

呂蒙に代わって就任した陸遜は、関羽に遜《へりくだ》った手紙を送って取り入ろうとする。陸遜の態度に油断した関羽は、江陵の守備を緩めて樊城の攻撃に力を注いだ。これを知った孫権は、直ちに呂蒙を大都督《だいとと》に任命し、江東の全軍で関羽討伐に向かわせる。呂蒙は、敵の援軍がこないように烽火台を丁寧に潰《つぶ》しながら、江陵を占領した。公安と南郡《なんぐん》を守っていた傅士仁《ふしじん》と糜芳《びぼう》は、日ごろから関羽に見下されて恨みを持っていたため、二人とも江陵の陥落を聞くとすぐに降伏した。こうして荊州は呉のものとなった。

関羽は荊州が取られたことを知らないまま、曹仁がいる樊城を攻め続けていた。曹操は援軍として徐晃《じょこう》を送り、関羽は徐晃と戦うことになるが、手術直後の右肘が思うように動かない。そこに早馬が来て、荊州が奪われたことを知る。傅士仁と糜芳が一戦も交えることなく降伏したと聞くと、怒りのあまり傷口が破裂し、関羽はそのまま倒れてしまう。しばらくして意識を取り戻した関羽は、成都に救援を求めるように馬良と伊籍《いせき》に命じ、呂蒙には裏切りを責める使者を送った。戻ってきた使者から、諸将や兵士の家族は無事に暮らしているという話が伝えられると、多くの将兵が戦意をなくして逃げ出してしまった。

関羽は、麦城《ばくじょう》に立て籠もった。成都からの救援は時間がかかるため、廖化《りょうか》が上庸《じょうよう》の劉封《りゅうほう》、孟達《もうたつ》に救援を求めに行く。しかし、孟達は、劉封が劉備の養子になる際に関羽が反対したことを持ち出して劉封に関羽を助けないよう説得し、関羽は見殺しにされた。結局、麦城を出た関羽は、潘璋《はんしょう》の部下馬忠《ばちゅう》に生け捕りにされる。孫権は関羽を助けようと降伏を勧めるが、関羽に一喝され、首を斬った。関羽は享年五十八歳であった。

関羽は首を斬られてもなお亡霊となってこの世に残り、呂蒙に取り憑いて宴席で孫権を罵った。劉備の報復を恐れる孫権は、その怒りを曹操に向けるため、関羽の首を木箱に入れて曹操に献上する。曹操が箱を開くと、首だけの関羽が、髪と髭を逆立てて曹操をにらみつける。曹操は関羽に荊王《けいおう》の位を遺贈し、自らが祭主となって祭祀を行い、役人を派遣して墓守をさせることにした。

曹操の死と曹魏の建国

関羽を葬ってからも、曹操が眠ろうとする度に関羽の亡霊が現れる。曹操の体調は悪化し、名医の華佗が呼ばれた。華佗が頭を切開する手術を提案すると、曹操は「自分を殺そうとするのか」と怒って華佗を獄死させる。ほどなくして曹操は、伏皇后《ふくこうごう》をはじめとする自分が手をかけた二十余人が、血まみれになって失った命を求めている姿を見る。死期が近いことを悟った曹操は、群臣たちを呼んで後継者を指名する。曹操は、嫡妻《てきさい》の卞《べん》氏が生んだ四人のうち、思慮が浅い曹彰《そうしょう》、病弱な曹熊《そうゆう》はもとより、優れた文才を持つ天才肌の曹植《そうち》も軽薄で誠実さに欠けるとし、温厚篤実《おんこうとくじつ》な曹丕《そうひ》を後継者として補佐するように伝えてこの世を去った。享年六十六歳。時に建安二十五（二二〇）年の正月のことであった。

曹丕は、魏王の座を嗣《つ》ぐと、葬儀に駆けつけなかった曹植とその側近を逮捕し、側近たちを残らず処刑した。それを聞きつけた母の卞氏は、涙ながらに曹植の命乞いを訴えた。しかし曹丕の側近である華歆《かきん》は、曹植を殺すよう強く進言し、その方策を伝えた。「人はみな、曹植が口を開けば文章になると言っておりますが、信じられません。召し寄せてその才能を試すとよいでしょう。もし文章ができなければ、即刻殺してしまうのです」。曹丕はこれに従う。しかし呼び出された曹植は、七歩のうちに見事な詩を詠んでみせ、曹丕は曹植の命を取ることをあきらめた。

建安二十五（二二〇）年、曹丕は、華歆らに命じて帝位を譲るよう献帝を脅させた。軍に包囲された献帝はしかたなく禅譲《ぜんじょう》の詔を下す。曹丕は心にもない辞退を二度繰り返して形だけの忠誠を示し、三度目に禅譲を受けて皇帝の位に就く。こうして後漢は滅び、曹魏が建国された。

曹丕（文帝）は、洛陽に宮殿を建てて遷都し、父の曹操に武帝の称号を贈って、元号を黄初《こうしょ》と改めた。漢は火徳《かとく》（五行思想における五徳の一つ）の国家で、シンボルカラーは赤であった。これに対して、黄をシンボルカラーとする土徳《どとく》の国家が始まることを宣言したのである。

劉備が皇帝となり漢を建国

成都には、曹丕が魏を建国した際に献帝を殺したという誤報が伝わった。劉備は号泣して献帝の霊魂を祭り、孝愍《こうびん》皇帝という諡《おくりな》を捧げた。これまでも劉備は、漢中王として漢の復興を唱えてきたが、諸葛亮は帝位に即くことを勧める。「曹丕は漢を簒奪《さんだつ》して帝位に即きました。しかし、王こそ漢の血統ですから、漢の宗廟《そうびょう》を引き継がれるべきです」。劉備は「逆賊と同じことはせぬ」と断ったが、諸葛亮の再三の勧めにより、建安二十六（二二一）年、皇帝の位に即いて漢を建国し、元号を章《しょう》武《ぶ》と定めた。

劉備の建国した蜀（蜀漢）は、曹魏による後漢の滅亡を認めないことに存在意義を置く。だが、劉備は曹魏ではなく、呉の討伐を優先した。「朕《ちん》は桃園で関羽・張飛と義兄弟の契りを結び、生死を共にすると誓いを立てた。不幸にも上の弟の関羽は、孫権に殺された。この仇を討たなければ、誓いに背くことになる」というのが理由である。

趙雲と諸葛亮は、本来の敵である曹魏を後回しにして、同盟すべき呉と戦うことに厳しく反対した。諸葛亮の言葉は実に理にかなっていたため、劉備は心を動かされるが、そこに張飛がやってくる。張飛は劉備の足にすがりついて涙を流し、関羽の仇討ちを迫った。劉備はその場で東征を決断する。

兄弟の仇がとれると張飛は喜び勇むが、悲劇が待っていた。張飛は、白装束（中国では喪服は黒ではなく白）を着て呉を討つから三日以内に白旗と白衣を用意せよ、と部下の范彊《はんきょう》、張達《ちょうたつ》に命じ、「明日中に用意できなければ死刑だ」と罵《ののし》った。あまりの物言いに怒った二人は、張飛が泥酔して寝込んだところを襲い、その首を持って呉に投降した。

関羽に続いて張飛をも失い、劉備は怒り昂《たかぶ》る。遺児の関興《かんこう》、張苞《ちょうほう》を連れて呉に向かい、破竹の進撃を開始した。孫権は曹魏に使者を送って臣従し、曹丕から呉王に封建された。曹魏はもとより呉を助けるつもりなどなく、どちらかが滅んだ後で、残りの一国を滅ぼす算段だった。

呉では、戦況が厳しく敗戦が続くなか、闞沢《かんたく》の推薦により陸遜が大都督となる。孫堅以来の宿将たちは、攻め気の見えない陸遜の態度に不満を募らせるが、陸遜はそれらの諸将をなだめて、戦線を後退させながら持久戦へと持ち込む。

やがて劉備は、国境の巫口《ふこう》から猇亭《おうてい》にかけて、長江沿いの山林に延々と七百里に及ぶ陣を敷くことになってしまう。この劉備の戦いぶりを見て相談に来た馬良から布陣を聞いた諸葛亮は、「漢の運命もこれまでか」と嘆き、敗北を予言する。その予言通り、馬良が劉備のもとに戻る前に陸遜は蜀漢の陣営を焼き討ちにした。劉備は敗れ、後詰めの関興、張苞も深手を追ったが、趙雲が救援に駆けつけ、白帝城《はくていじょう》に逃れることができた。

劉備死す

白帝城で病が篤《あつ》くなった劉備はある夜、関羽と張飛の霊から、「兄弟がまた集うのも遠いことではないでしょう」と告げられる。死を悟った劉備は、成都から諸葛亮を呼び寄せる。劉備は諸葛亮に、「君の才は曹丕の十倍はある。きっと国家を安らかにし、大事を定めることができよう。もし劉禅が補佐するに足るなら補佐して欲しい。その器でなければ君自らが成都の主となるがよい」と遺言を伝える。諸葛亮は「わたしは肝脳《かんのう》を血に塗《まみ》れさせても、ご恩に報いることはできません」と答え、五丈原《ごじょうげん》で陣没するまで、劉備への忠義を貫いて劉禅を補佐し続けた。

猇亭の戦いで劉備を破った陸遜は、白帝城を攻めなかった。諸葛亮が魚腹浦《ぎょふくほ》に仕掛けた石陣八陣《せきじんはちじん》に迷い込んで、危うく命を落としそうになったからである。加えて陸遜は、本国が曹魏に攻められることを警戒していた。思った通り曹丕は三方面から呉に進攻してきたが、呉には備えがあり、疫病も流行したこともあって、曹丕は軍を率いて洛陽に帰還した。これ以降、呉と曹魏は再び対立する。

諸葛亮による南征

諸葛亮は、劉備の葬儀を行った後、劉禅を即位させ、元号を建興《けんこう》と改めた。曹丕は、「五路」から蜀漢を攻めるという司馬懿の策を採用する。鮮卑《せんぴ》の軻比能《かひのう》に遼東《りょうとう》の羌《きょう》族を出して西平関《せいへいかん》を攻めさせるのが一路、南蛮《なんばん》の孟獲《もうかく》に蜀南部を攻めさせるのが二路、孫権と同盟を結び直して涪《ほう》城を攻撃させるのが三路、蜀漢よりの降将孟達に漢中を攻めさせるのが四路、曹真に陽平関《ようへいかん》から攻めさせるのが五路である。

諸葛亮は、一路には羌族に恐れられている馬超を当て、二路には魏延を向かわせて囮《おとり》の兵で幻惑し、四路には孟達の親友である李厳を当て、五路には趙雲を当てた。そして、諸葛亮の戦略の建て直しに最も重要な孫呉との関係に関しては、鄧芝《とうし》を派遣して孫権との同盟を結び直そうとした。

劉備がいなくなった蜀漢の力量を疑っていた孫権は、油の煮えたぎった大きな鼎《かなえ》（三本の足がついた釜）を置き、武器を持った兵士を並べて鄧芝を迎え、威嚇《いかく》する。鄧芝は怯むことなく同盟の利を説き、話し終わると鼎に飛び込もうとした。孫権は、命がけで交渉にきた鄧芝を高く評価し、同盟を結び直した。こうして諸葛亮は、五路の侵攻をすべて撃退することができた。

蜀漢と呉が再び同盟を結んだと知った曹丕は、孫呉の討伐に向けて昼夜兼行で戦船を建造し、水陸あわせて三十万の兵力で淮水《わいすい》から長江を目指した。これに対して、呉は徐盛《じょせい》を起用し、伝統的な戦法である火攻めによって曹丕を打ち破った。

七度も生け捕りにされた孟獲

劉備が呉を攻撃したことを機に南蛮が反乱を起こしていたが、諸葛亮は守りを固めるだけで、南蛮には攻撃を仕掛けていなかった。先述した通り諸葛亮は南蛮の背後にいた呉と同盟を結び、建興三（二二五）年の春、趙雲、魏延ら五十万の兵力により、反乱平定のために南征する。雍闓《ようがい》を破り、建寧《けんねい》、牂牁《そうか》、越嶲《えっすい》の三郡を平定し、いよいよ南蛮王の孟獲を討ち取ろうという時、馬謖《ばしょく》が進言した。「兵を用いる道は、心を攻めるを上策、城を攻めるを下策とします。どうか彼らの心を攻められますように」。諸葛亮はこれにうなずき、孟獲を七回捕らえて七回とも解放した。いわゆる「七擒《きん》七縦《しょう》」のエピソードである。

孟獲は、一度目は魏延に生け捕られ、二度目は諸葛亮に通じた部下の董荼那《とうとな》に縛りあげられた。孟獲は、諸葛亮が降伏を受け入れることを見越して弟の孟優《もうゆう》を偽って降伏させるが、孟優は酔い潰され、攻め込んだ孟獲はまたしても生け捕りにされる。孟獲はそれでも屈せず、本拠地である銀坑洞《ぎんこうどう》に逃げ帰ると、数十万の兵を挙げて諸葛亮を攻撃する。孟獲は諸葛亮に向かって真っ先に突進したが、落とし穴に落ちて捕まった。

本拠地を失った孟獲は、禿龍洞《とくりゅうどう》の朶《だ》思《し》大王《だいおう》のもとに避難する。諸葛亮は、孟獲の兄である孟節《もうせつ》の助けを受け、猛毒の四つの泉をこえて、五たび孟獲を生け捕りとする。さらに、孟獲の妻である祝融《しゅくゆう》夫人が張嶷《ちょうぎょく》と馬忠を捕虜にすると、諸葛亮は魏延・趙雲・馬岱《ばたい》に計略を授け、祝融夫人を生け捕りにした。また、猛獣を率いた木《ぼく》鹿大王《ろくだいおう》が援軍に来ると、諸葛亮は作りものの怪獣で対抗する。口から火炎、鼻から黒煙を吹き出す怪獣に驚いた猛獣は逃げまどい、木鹿大王も戦死して、孟獲は六たび生け捕りとなった。

最後に登場する烏戈国《うかこく》の兀突骨大王《ごくとつこつだいおう》は、身体に鱗《うろこ》が生えていて、刀も矢も弾き返す猛将であった。配下の将兵も何度も油に浸した藤の甲冑《かっちゅう》を身につけており、その甲冑もまた、刀も矢も通さない。すると諸葛亮は、火攻めを用いて兀突骨と三万の藤甲軍《とうこうぐん》を焼き尽くした。

こうして七たび生け捕りにされた孟獲は、「丞相の大いなる威光を目の当たりにし、南人は二度と反乱は起こしません」と約束した。諸葛亮は、奪った土地を返し、蜀漢の官吏を置かなかった。孟獲ら南蛮は諸葛亮に心服し、大量の兵力と食糧を供給して、以後、北伐を支える大きな力になった。

諸葛亮、北伐に向かう

諸葛亮の南征の翌年、曹魏では曹丕（文帝）が死去し、曹叡《そうえい》（明帝《めいてい》）が即位した。それに伴い、司馬懿は雍州《ようしゅう》・涼州《りょうしゅう》の兵馬総督に就任する。これを警戒した諸葛亮は、馬謖の計略により、曹叡が司馬懿を疑うように仕向けて失脚させる。そして諸葛亮は、「出師表」を捧げて北伐を開始する。

「わたくし諸葛亮が申し上げます。先帝（劉備）の始めた（漢室復興の）大事業はその半分も達成されないまま、（先帝は）途中で崩御《ほうぎょ》されました。いま天下は三分して、益州は疲弊しております。これはまことに危急存亡の秋《とき》です」

諸葛亮は強い危機感を持っていた。益州はいま存続と滅亡の瀬戸際にある。状況は非常に厳しいが、それでも蜀漢は曹魏を滅ぼさなければならない。劉備は曹丕の即位を認めず、漢を継承するために帝位に即いたからである。「出師表」は続く。

「いま（南征により）南方は定まり、軍勢も充分に足りております。三軍を率いて北に向かい中原を定めるべきです。（それにより）漢室を復興し、旧都（洛陽）に帰りたく存じます。それこそがわたくしが先帝（のご恩）に報いて陛下への忠節を尽くす務めでございます」

南征が北伐のための準備であったこと、北伐の目的が漢室の復興であることが明確に示され、北伐の遂行こそが、劉備の恩に報い、劉禅への忠義を果たすための職務であることが述べられる。このように曹魏を討つ理由と決意が述べられたあと、表は次のように結ばれる。

「わたくしはご恩を受けて感激にたえられず、いま遠く離れることにあたって、表を書きながら涙がこぼれ、云《い》うべき言葉もございません」

建興五（二二七）年三月、趙雲を先鋒に三十万の兵を率いた諸葛亮は、曹魏を討伐するため成都を出て、漢中に駐屯した。漢中から長安までは、子午道《しごどう》を通る進路が最も早く、魏延はそこから直接長安を襲うことを主張した。諸葛亮は魏延の主張を退け、西北に迂回して関山道《かんざんどう》を通り、天水《てんすい》郡など関中西部を取って、そののち長安に迫る戦略を取った。

諸葛亮は趙雲を斜谷《やこく》に向かわせると、曹魏の主力軍がこれに対抗している間に天水、南安《なんあん》、安定《あんてい》の三郡を奪取し、さらに姜維《きょうい》を配下に加えた。姜維は、諸葛亮の計によって味方から疑われる状況に追い込まれ、降伏以外の選択肢がなくなってしまったのである。

北伐は順調に進んでいた。敗戦に慌てた曹魏は、曹真を大都督に据えて反撃するが、先鋒二人を失い、加勢を頼んだ羌兵も打ち破られた。曹真は明帝に救援を請い、明帝は司馬懿を再び起用した。

泣いて馬謖を斬る

司馬懿は、長安に駆けつけることはせず、新城《しんじょう》太守の孟達を滅ぼした。蜀漢からの降将である孟達が、諸葛亮の誘いを受けていたからである。孟達を討った司馬懿は、張郃を先鋒として諸葛亮との戦いに向かう。諸葛亮軍の要所は街亭《がいてい》であった。街亭にすでに兵が配置されていることを聞いた司馬懿は、諸葛亮の読みの鋭さに驚くが、敵が山上に陣を構えていると聞くと喜んだ。

諸葛亮は「街道の要地に布陣せよ」と指示していたが、馬謖はその言葉を無視して山上に陣を張ったのであった。馬謖は、祁山《きざん》の本営で行われた軍議で、その重要な任務に家族の命を掛けてまで志願していた。諸葛亮が王平《おうへい》から送られてきた絵図面で布陣を知り、馬謖の敗北を悟ったころ、司馬懿は張郃を王平に当たらせる一方で、山上の馬謖を包囲して大敗させていた。

諸葛亮は撤退を決め、糧秣《りょうまつ》を蓄えていた西城《さいじょう》県に赴いて、その輸送に取りかかる。司馬懿は大軍を率いて西城県に迫るが、城内には一人の武将もいない。諸葛亮は侍童二人を従えて、城壁の見張り櫓《やぐら》で香を焚き、琴を弾いた。これを見た司馬懿は、伏兵を潜ませているに違いないと考えて退却する。「空城計《くうじょうけい》」である。

漢中に戻った諸葛亮は、敗戦の責任をとらせて馬謖を処刑する。その首が献じられると、諸葛亮は涙をこらえられなかった。「泣いて馬謖を斬」った諸葛亮は、自分にも責任があるとして位を三階級下げ、丞相から右将軍《ゆう》になった。すぐに趙雲が病死し、諸葛亮はさらなる痛手を受けたが、兵に休息をとらせた後、「後《こう》出師表」を掲げて北伐を再開する。

第二次北伐では陳倉《ちんそう》を包囲したが、曹魏の郝昭《かくしょう》の堅い守りを突破できず、姜維の進言により祁山に出て司馬懿を破ったものの、兵糧が足りずに撤退した。第三次北伐では、武都《ぶと》・陰平《いんぺい》の二郡を獲得し、丞相に復帰する。

曹魏から攻撃をしかけることもあったが失敗に終わり、曹真は諸葛亮から届いた侮蔑の書簡を読み、怒りのあまり胸が塞がって死んでしまう。

第四次北伐では、諸葛亮と司馬懿が正面から激突した。互いの陣立てを比べあった後に戦闘をはじめ、蜀漢が勝利した。しかし李厳の部下である苟安《こうあん》が食糧の輸送を怠り、苟安の画策によって諸葛亮は成都に帰らなければならなくなり、司馬懿の追撃をかわして引き上げた。

成都に呼び戻された諸葛亮は、流言に惑わされた宦官たちを処罰して漢中に戻り、祁山に出陣して司馬懿を破って張郃を討ち取った。しかし輸送の責任者である李厳の怠慢で兵糧が続かず、撤退を余儀なくされてしまう。

李厳を処罰した諸葛亮は、兵糧問題を解決するため、木牛《ぼくぎゅう》・流馬《りゅうば》という輸送器具をつくる。さらに、蜀漢の兵士と曹魏の農民が一緒に耕作を行い、収穫を分け合う屯田《とんでん》政策を実行した。

諸葛亮の死と死後の妙策

五丈原に布陣する諸葛亮に対して、曹魏の明帝は、司馬懿に全権を任せて渭水《いすい》の南岸に布陣させる。前哨戦では、司馬懿が危うく命を落とすほどの敗北を喫する。司馬懿は、上方谷《じょうほうこく》を蜀漢の兵糧集積所と考えて襲撃するが、入り口を塞がれ火攻めにされたのである。しかし偶然の大雨によって司馬懿父子は逃げのびることができた。諸葛亮は「事を謀《はか》るは人にあり、事を成《な》すは天にあり」と嘆いた。

以降、司馬懿は強固な陣のなかに閉じ籠もった。諸葛亮はしびれを切らし、女の髪飾りと喪服を司馬懿に送りつけて「女々しいやつめ」と挑発したが、司馬懿は明帝から勅使を迎え、戦わないことを全軍に確認した。そして、使者から諸葛亮の膨大な仕事量と食事の少なさを聞き出した司馬懿は、諸葛亮の死を予言する。

一方、諸葛亮は、ともに曹魏を討った孫呉の敗北を聞いて、倒れてしまう。そして体調を心配する姜維の頼みを聞き、祈祷《きとう》によって自らの寿命の回復を図る。七つの燭台《しょくだい》のまわりに四十九の小燈《しょうとう》を連ね、中央に自分の命を象徴する主燈《しゅとう》を置いて、諸葛亮は一心に北斗《ほくと》に祈った。これで、七日間、主燈が消えなければ寿命が十二年延びる。しかし、七日目の夜、魏兵の襲撃に驚いて報告に来た魏延が主燈を倒して消してしまった。諸葛亮は「死生命《めい》あり（人の寿命はあらかじめ決まっている）。祈祷してもどうにもならない」と嘆いた。

天命を悟った諸葛亮は、姜維に兵法を伝え、馬岱に魏延が謀叛《むほん》を起こしたときのための密計を託し、楊儀《ようぎ》に司馬懿の追撃を退ける策を授ける。「わたしが死んでも、喪を発してはならない。大きな龕《ずし》を作って、なかに屍《しかばね》を座らせ、口に米七粒を入れて、足元に灯明《とうみょう》を一つ置け。将兵は普段通り平静にし、くれぐれも慟哭《どうこく》の声をあげてはならない。そうすれば将軍星は落ちないはずである。もし司馬懿が追撃してきたら、木像を車に乗せて、隊列の前に押し出し、将兵を左右に分けて並ばせよ。司馬懿はこの様子を見れば、必ず驚いて逃げ出すであろう」。

劉禅が派遣した李福《りふく》に対し、自分の後継者として蔣琬《しょうえん》と費禕《ひい》の名をあげると、諸葛亮は息絶えた。時に建興十二（二三四）年、享年五十四歳であった。追撃に来た司馬懿は木像を見て諸葛亮がまだ生きていると思い、逃げ出した。「死せる諸葛、生ける仲達を走らす」である。

蜀に帰った諸葛亮の遺体は、遺言により定軍山に葬られた。劉禅は、詔を下して祭祀をとり行って忠武侯《ちゅうぶこう》の名を贈り、沔陽《べんよう》に廟を建てて季節ごとに祭祀を行うよう命じた。北伐軍の撤退のさなか、楊儀と不仲の魏延が反乱を起こしたが、諸葛亮が生前に授けた計略によって、馬岱が魏延を斬った。そして楊儀は、後輩の蔣琬が諸葛亮の後継者となったことに不満をもち、失脚して自殺した。

諸葛亮の後を継いだ費禕

蔣琬は内政に専念し、北伐で消耗した国力の回復を図ったが、延熙《えんき》九（二四六）年に死去した。諸葛亮の遺言に従って後継者となった費禕は、蔣琬の政策を継承し、曹魏に積極策を取らなかった。これに対して、姜維は、曹魏の不安定な国情に乗じて何度も出兵を試みた。しかし費禕は、「われらは丞相に遥かに及ばない。その丞相ですら中原を取り戻すことができなかった。ましてやわれらに至っては問題外だ」と言って、姜維に大きな兵力を与えなかった。

それでも姜維は、曹魏より帰順した夏侯覇《かこうは》と共に、漢中より隴山《ろうざん》以西を奪い取ろうとした。曹魏の雍州刺史である郭淮《かくわい》は、洛陽に報告する一方で、副将の陳泰《ちんたい》に五万の兵を率いさせて蜀漢の軍に当たらせた。

心強い援軍である羌族の到着が遅れたことで、姜維は曹魏に押されて陽平関に逃げ込む。曹魏軍は司馬懿の長子である司馬師《しばし》も加わって、一気に陽平関に押し寄せた。しかし、姜維は諸葛亮から授けられた「連弩《れんど》」の法を用い、道の両側に百張《ちょう》あまりの連弩を潜ませていた。この連弩は一度に十本の矢を連射できる強力な武器で、司馬師の前軍は人馬もろとも次々に射殺され、司馬師は混乱の中をなんとか抜け出した。

慎重な性格の費禕は、はやる姜維をなだめて抑え、劉禅の補佐にも力を尽くしていた。しかし、曹魏から偽って降伏した武将に費禕が殺害されると、劉禅に宦官の黄皓《こうこう》が寵用されるようになり、蜀漢の内で姜維は孤立していく。

司馬懿によるクーデター「正始の政変」

諸葛亮の陣没以降、恐怖から解放された曹魏の明帝は、贅沢に溺れ、大宮殿の造営に熱中した。そして遼東の公孫淵《こうそんえん》が反乱を起こすと、明帝は司馬懿を頼った。司馬懿が反乱を平定している間に明帝は病気が重くなり、曹真の子である曹爽《そうそう》と司馬懿に後を託して死去した。景初《けいしょ》三（二三九）年のことである。司馬懿と曹爽はともに幼主の曹芳《そうほう》を補佐したが、次第に対立するようになる。曹爽は、司馬懿を太傅《たいふ》に祭り上げ、夏侯玄《かこうげん》、何晏《かあん》らと共に実権を掌握した。

司馬懿の力を警戒する曹爽は、一味の李勝《りしょう》が荊州刺史に任命されたのを機に、司馬懿の様子を探る。すると司馬懿は耄碌《もうろく》した振りをしてみせ、曹爽は安心して、数日後、明帝を祭るために皇帝の曹芳とともに都を出た。司馬懿はこの機を逃さない。兵を挙げて洛陽を制圧し、曹爽の勢力を一掃した。

この司馬懿によるクーデターを「正始の政変」といい、これによって曹氏の力は失われ、魏の実権は司馬懿の手に移った。そして二年後の嘉平《かへい》三（二五一）年、司馬懿はこの世を去る。享年七十三歳であった。

司馬懿の権力を継いだ長子の司馬師は、さらなる専制を推し進めた。たまりかねた曹芳は、信頼できる三人と司馬師の打倒を画策したが、その日のうちにバレてしまい、三人の一族は皆殺しにされた。司馬師は曹芳を皇帝の位から降ろし、明帝の甥にあたる曹髦《そうぼう》を即位させ、嘉平六（二五四）年を正元《せいげん》元年と改元した。

司馬師の横暴な振る舞いを、すべての魏臣が黙ってみていたわけではない。正元二（二五五）年には、毌丘倹《かんきゅうけん》と文欽《ぶんきん》が淮南《わいなん》で反乱を起こした。司馬師は、病で左目の瘤《こぶ》が痛む状態だったが、弟の司馬昭《しばしょう》に洛陽の守備を任せて、鎮圧に向かう。そして司馬師は、文欽の子である文鴦《ぶんおう》の奇襲を受けて傷口から目玉が飛び出し、これが原因で、反乱を平定した後に死去する。

司馬師の権力を継承した司馬昭は、帝位簒奪の野望を抱く。それに迎合した賈充《かじゅう》は、諸葛誕《しょかつたん》のもとに赴いて様子を探った。諸葛誕が司馬氏の専横を批判すると、司馬昭は諸葛誕に圧力をかける。諸葛誕は孫呉に救援を求めながら反乱を起こし、呉の孫綝《そんちん》は、亡命していた文欽を道案内として七万の軍勢を進軍させた。司馬昭は、自ら孫呉軍を撃退し、諸葛誕の籠もる寿春《じゅしゅん》を陥落させる。さらに専制を進める司馬昭に、賈充は曹髦が「潜龍《せんりゅう》の詩」を作って司馬昭を罵っていると讒言《ざんげん》する。甘露《かんろ》五（二六〇）年、司馬昭が剣を帯びたまま宮殿に入ると、曹髦は起立して迎えた。司馬昭は「『潜龍の詩』では、われらを泥鰌《どじょう》や鰻のように見下しておられるが、これは礼に外れているのではないか」と問い詰める。曹髦は答えられなかった。司馬昭は冷ややかな笑みを浮かべて退出した。

司馬昭が蜀漢を滅ぼす

司馬昭は、曹魏から禅譲を受けるために、大きな功績を求めていた。蜀漢では、費禕の死後、宦官の黄皓が劉禅の寵愛を受けて国政を乱していた。そこで司馬昭は、鍾会《しょうかい》と鄧艾《とうがい》に蜀漢の討伐を命ずる。姜維は軍略を上奏するが、黄皓に握りつぶされ、やむなく剣閣《けんかく》に籠もった。鍾会が剣閣を攻めている間に、鄧艾は、陰平《いんぺい》より道無き道を進み江油《こうちゅう》城を取り、剣閣の背後の涪《ふう》城を陥した。もし綿竹が落ちれば、あとは成都まで一直線である。

劉禅は、諸葛亮の息子である諸葛瞻《しょかつせん》に七万の兵を与えて鄧艾を迎え撃つ。先鋒は、孫の諸葛尚《しょかつしょう》である。綿竹を守る諸葛瞻に鄧艾は降伏を勧める。救援部隊が来ない諸葛瞻は、自ら軍勢を率いて鄧艾軍へ突撃する。諸葛瞻は矢に当たって落馬すると「わたしは力尽きた。死んで国家にご恩返しするまでだ」と絶叫し、自刎《じふん》して果てた。城壁の上にいた諸葛尚は、父の死を見届けると馬に鞭打って出撃し、後を追うように戦場で死んだ。鄧艾はその忠義に感動して、諸葛瞻父子を合葬した。

鄧艾に綿竹を落とされたと聞くと、劉禅は譙周《しょうしゅう》の勧めに従って降伏を決めた。五男の劉諶《りゅうじん》は「成都にはまだ数万の軍勢があり、姜維の全軍は剣閣におります。われら父子は城を背にして戦い、国家のために死んでこそ、先帝と顔を合わせられます」と反対したが、劉禅は聞き入れなかった。劉諶は、劉備の霊を祀る昭烈廟《しょうれつびょう》で自刎する。

劉禅の降伏を聞いた剣閣の姜維は、いったん鍾会に降伏し、鄧艾との対立を煽《あお》って起死回生を図る。鍾会は鄧艾を逮捕して洛陽に護送し、姜維とともに司馬昭への反乱を企てるが、計略は破れ、鍾会と姜維は曹魏の諸将に殺された。

洛陽に移された劉禅は安楽公《あんらくこう》に封ぜられ、蜀のことを思い出すこともなく安楽に暮らした。司馬昭は賈充に言う。「これでは諸葛亮が生きていても補佐することは難しかったであろう。まして姜維では」

曹魏の滅亡と晋の建国

一方、司馬昭に追い詰められた曹髦は殿中の下僕三百人を集め、司馬昭を討つために出撃したが、賈充が立ちはだかる。賈充は部下の成済《せいせい》に「司馬公がおまえたちを養って来られたのは、今日のためだ」と言い、成済は戟で曹髦の胸を突き刺して殺した。代わって曹奐《そうかん》が皇帝となったが、曹奐は司馬昭の傀儡《かいらい》であった。

司馬昭が蜀を滅ぼすと、群臣は晋王に封ずるよう曹奐に上奏した。曹奐は、司馬昭を晋王としたほか、父の司馬懿に宣王《せんおう》、兄の司馬師に景王《けいおう》という諡を与える。司馬昭は司馬炎を後継に立てると、突然の中風の発作によって息絶えた。咸熙《かんき》二（二六五）年のことであった。

司馬昭の葬儀が終わると、晋王を嗣いだ司馬炎は賈充《はいしゅう》と裴秀に禅譲の相談をする。翌日、剣を身に付けた司馬炎たちが宮中に入ると、曹奐は慌てて玉座から降りて迎えた。賈充は曹奐を脅して受禅台を築く命令を出させる。こうして曹奐は、自ら伝国の玉璽を捧げて台上に立ち、司馬炎に玉璽を授けた。司馬炎は、国号を晋と定め、元号を泰始《たいし》元（二六五）年と改めて、天下に大赦を行った。ここに曹魏は滅亡した。

晋が三国を統一する

蜀漢と曹魏は滅んだが、孫呉はまだ生きていた。しかし、孫権の晩年、後継者問題によって陸遜が憤死したことなどもあり、国力の低下は否めず、魏の内紛がなければ存続は危うかっただろう。

魏滅亡の前年に呉の皇帝として即位した孫皓《そんこう》は、英傑と評され、大きな期待を集めた君主であった。しかし、即位後の孫皓は暴虐を繰り返し、内政は混乱していた。

そんななか、陸遜の子である陸抗《りくこう》が晉との国境を守っていた。そして、晉の名将である羊祜《ようこ》は、敵でありながら陸抗を尊重し、陸抗も羊祜を尊重していた。しかし、側近の讒言によって陸抗は指揮権を剥奪され、司馬に左遷される。

羊祜は、呉を討つ好機が訪れたと上奏した。司馬炎は、直ちに軍勢を動かそうとしたが、賈充、荀勗《じゅんきょく》らが反対した。そのうちに羊祜は病気となり、後継者に杜預《どよ》を推薦した。杜預は司馬炎の命を受け、襄陽に駐屯して呉討伐の準備を行う。

一方、益州刺史の王濬《おうしゅん》は、蜀から船で攻め下って孫呉を滅ぼす作戦を司馬炎に上奏した。しかし、またもや周囲に反対され、迷った司馬炎が張華《ちょうか》を相手に碁を打っていると、杜預からも上奏があり、司馬炎はついに決断する。

司馬炎は、杜預を大都督に任命して陸路の軍を率いさせ、王濬には長江を下る水軍を任せて呉に向かわせた。一方、孫呉の丞相である張悌《ちょうてい》は、左将軍の沈瑩《しんえい》と右将軍の諸葛靚《しょかつせい》に命じて晉軍迎撃の手はずを整えた。ところが、「晉軍は流れに乗って攻め下り、その勢いには当たるべからざるものがあります」との報告が入った。晉軍の力はすさまじく、もはや勝ち目はないということである。諸葛靚が張悌に、

「呉は危機に瀕していますどうしてお逃げにならないのですか」と問うと、張悌は、「呉が滅亡しようとしていることは誰でも分かっている。今もし君臣そろって降伏し、一人も国難に殉じる者がいなければ、これまた国辱ではないか」と答えた。そして張悌は孤軍奮闘し、乱戦のなかで死んだ。

孫皓は、晉軍がすでに城内に入ったという知らせを聞いて、自刎《じふん》しようとした。しかし中書令の胡沖《こちゅう》と光祿勳の薛瑩《せつえい》が、「陛下はどうして安楽公劉禅の例にならわれないのですか」と止めた。孫皓は文武の官僚を引き連れて降伏した。ときに太康《たいこう》元（二八〇）年夏五月、晉により三国は統一された。

第三章

代表的な英雄たち

『三国志演義』の主人公・劉備

毛宗崗本では、曹操を「奸絶」、関羽を「義絶」、諸葛亮を「智絶」とし、この「三絶」が他より目立つ主役として描かれている。「絶」は極みの意味である。

三人の主役に対して、ストーリーの中心的人物となっている劉備は主人公といえる。作中の劉備は泣いているシーンが多く、自ら作戦を考えたり、前に出て戦ったりすることは少ない。しかし史書における劉備は、曹操が英雄と認めるほどの資質を備えた、勇猛果敢な傭兵隊長だった。家柄も経済力もなかった劉備は、裸一貫から武力でのし上がった傑物である。

『西遊記《さいゆうき》』の三蔵法師《さんぞうほうし》のように、主役を引き立てるために主人公を聖人君子にするのは、中国の小説でよく見られる手法だ。たとえば張飛が督郵を鞭打つ場面も、史書では劉備が打ち据えたことになっている。

劉備と関羽、張飛との関係は、史書では「寝るときには寝台を共にし、恩愛は兄弟のようであった」と表現される。物語ではこの関係を「桃園結義《とうえんけつぎ》」として演出して強調する。兄弟ほどに強い「情」による君臣の結びつきは、集団の核となるべき族的結合を持たなかった劉備が、それを関羽や張飛に求めた結果だろう。

劉備の挙兵の際、中山国《ちゅうざん》の馬商人である張世平《ちょうせいへい》と蘇双《そそう》は大金を出して、劉備に兵を集めさせた。彼らは涿郡《たくぐん》に馬の売買に来ており、涿郡出身の劉備と張飛は、要するに彼らの用心棒であった。陶謙《とうけん》の死後、劉備を徐州《じょしゅう》に迎えた麋竺《びじく》もまた、当時の代表的な大商人である。初期の劉備集団は、商業系の用心棒集団が傭兵集団化したものだった。

劉備集団の質的変容

劉表の客将になった劉備は、司馬徽から名士を仲間に加える必要性を説かれた。その頃、荊州では、司馬徽と宋忠《そうちゅう》（荊州学の中心学者。劉表に仕え、のち曹操に仕える）を中心に「荊州学」という儒教の新学派が形成され、実践的に世の中を救おうとする諸葛亮や龐統らが高く評価されていた。劉備は彼らに目をつける。司馬徽を中心とする襄陽の名士グループは、乱世平定の気概が見えない劉表を評価せず、距離を置いていたからである。物語の中では「好好《よいよい》」としか言わないお人好しの水鏡先生（司馬徽）は、時代を憂う大学者であった。

襄陽グループの中で、劉備に最初に接近したのは徐庶である。徐庶は、劉備たちと社会階層が近く、腹を割って話せたのであろう。徐庶を迎えたのち、劉備は自ら諸葛亮を訪ねる。物語では、徐庶が去る際、代わりに諸葛亮を推薦するが、これは三顧の礼を美しく描く演出である。

史実では最初、劉備は徐庶に諸葛亮を呼びつけさせようとした。襄陽グループで「臥龍・鳳雛」と並び称される諸葛亮、龐統を臣下にできれば、他の名士も取り込める。しかし、徐庶は諸葛亮を呼びつけることはせず、劉備自ら諸葛亮を訪ねるように進言する。そこには、関羽、張飛を中心とする傭兵集団から諸葛亮ら名士を中心とする集団へ変わっていくことを内外にアピールする狙いがあった。もちろん、関羽、張飛は不満を示すが、劉備は「私に諸葛亮が必要なのは、あたかも魚に水が必要なようなものだ。どうか文句を言わないで欲しい」と言って納得させた。こうして劉備は、名士を中核とした政権を形成していく。

劉備の臣下となった諸葛亮は、その力を存分に発揮する。劉備軍で諸葛亮が行ったことをいくつか挙げていこう。

第一に、集団の指針となる基本戦略を定めた。それは、孫権と結び、荊州と益州を領有して一時的に三国を鼎立させた後、荊州から洛陽を、益州から長安を攻めて曹操を滅ぼすというものである。この「草廬対」戦略は、「天下三分の計」と呼ばれることも多いが、天下三分はあくまでも手段である。諸葛亮は、漢を復興し、中国を統一することを集団の目的として掲げた。

第二は、荊州名士の取り込みである。曹操の南下で劉表政権が崩壊すると、諸葛亮は襄陽グループや婚姻関係を利用し、多くの名士を仲間に引き入れた。その結果、赤壁の戦いは周瑜が主力であったにもかかわらず、荊州南部の支配を安定させることができた。

第三は、外交・内政の実務である。孫権との同盟も、その後の荊州統治も、諸葛亮の力が発揮された。諸葛亮の存在は、荊州名士の力を劉備政権の統治の支柱となすことに重要な役割を果たしたのである。

こうして劉備は、三顧の礼による諸葛亮の招聘を契機とする荊州名士の加入により、「情」を基盤とする傭兵集団から、名士を中核に置く政権へ、集団を質的に変容させる。これにより、初めて荊州を根拠地として保有し、ついには入蜀して蜀漢を樹立できたのである。作中では、諸葛亮の「智」の賜物として表現される荊州領有だが、実際は劉備集団の質的変化によるところが大きい。

関羽の仇討ちを何よりも優先した劉備

曹丕が漢を滅ぼして曹魏を建国すると、劉備は蜀漢を建国し、漢の復興という志を実現する。しかしその過程で、孫呉の裏切りによって関羽が敗死し、心の中は曇ったままである。そして劉備は、関羽の仇討ちのため、諸葛亮の基本方針に背いて呉に攻め込むことを決める。物語でも、この時の劉備は非常に熱い。いままで被《かぶ》せられていた聖人君子の仮面を脱ぎ捨て、誰の制止も聞かず関羽の仇討ちに向かう。

物語では、趙雲に加え、諸葛亮も劉備の東征を止めている。しかし、史書には諸葛亮が東征に反対した記録はない。実は、諸葛亮は劉備の軍事能力を高く評価していた。天才軍師のイメージが強い諸葛亮だが、劉備の生前に軍を指揮したのは、蜀の救援に向かったときだけである。

諸葛亮が反対しなかったのは、劉備の軍事能力だけが理由ではない。趙雲が言うように、蜀漢の最大の敵は曹魏であり、関羽の仇討ちは劉備の個人的な感情の暴走に過ぎない。臣下の戦死を理由に、一国の皇帝が自ら軍を率いて本来の敵国ではない呉に攻め込むことが政治的に正しくないことは、もちろん諸葛亮も分かっていた。それでも諸葛亮は東征を止めなかった。義弟の仇討ちは、劉備のすべてだったからである。関羽、張飛は挙兵以来、命と引き換えに劉備を守ってきた。「情」に基づく彼らの強い結びつきに、諸葛亮は入っていけなかった。

結果、劉備は夷陵《いりょう》の戦いで呉の陸遜に敗退し、白帝城で生涯を終えるが、自分の生き方に後悔はなかったはずだ。関羽、張飛と共に戦いを始め、関羽、張飛のために死ぬ。劉備らしい生涯である。

先進性あふれる姦雄・曹操

曹操は、物語、とくに『三国志演義』において、「姦《かん》」の側面を強調して描かれる。漢字や、漢という中国の「古典国家」を滅ぼそうとした曹操には「姦」という字がよく似合う。しかし、吉川英治の『三国志』では、「雄」の側面も多く描かれているように、史実の曹操は、「姦」と「雄」の両面を有していた。

曹操をはじめて「姦」と評したのは、後漢末の人物批評家の許劭《きょしょう》である。許劭は曹操を「治世の能臣、乱世の姦雄《かんゆう》」と評価した。曹操の先進的な感性を理解できる者は少なく、大多数の者からは、曹操は「姦」であるが「雄」、手段を選ばず、素晴らしい結果を出す人物として映る。袁紹との天下分け目の官渡の戦いの際ですら、曹操陣営には、自軍の勝利を信じられない者がいた。「姦雄」という言葉は、そうした曹操の手段と結果のアンビバレンスを見事に表現している。

漢の伝統を破壊する曹操

曹操は漢の伝統に縛られなかった。曹操の軍事的基盤となる青州兵は、漢に反乱を起こした黄巾を許し、軍として再編成したものである。また、経済的基盤である屯田制《とんでんせい》は、農民が逃亡して荒れ果てた河南《かなん》で、放棄された土地を整備し、種籾と牛を貸し出して、漢では収穫量の三〜一〇％だった田租《でんそ》を五〇〜六〇％納めさせるというものだった。

漢は算賦《さんぷ》と呼ぶ人頭税を銅銭《どうせん》で徴収していたが、布で徴収する調《ちょう》という税目を作ったのも曹操である。蜀漢の丞相諸葛亮は、蜀に産出する鉄で鉄銭を鋳造してまで算賦を納めさせた。隋唐、そして日本で行われた税制が租庸調《そようちょう》であることからも、曹操がいかに時代の先を行っていたかが分かる。

政治的基盤となる献帝の擁立も、漢の復興のためではなく、献帝の権力を利用して他の群雄に命を下すためのものだ。

隋唐帝国までの三百年を含めた大きな視点で見なければ、曹操が行った数々の改革の意義は見えてこない。まさしく「乱世の姦雄」の名にふさわしい英雄である。

ただし、曹操は最初から姦雄だったわけではない。見本になる先駆者がいた。橋《きょう》玄《げん》である。橋玄は、寛治《かんち》（寛容な支配）を採ることが多い後漢の官僚としては例外的に豪族の不法を許さず、外戚や宦官と親しい者であっても、不法行為は必ず弾劾する猛政を採った。

袁紹のもとを離れ、曹操に仕えた郭嘉《かくか》は、袁紹の寛治を批判する一方で、曹操が弛緩《しかん》した政治を正すために猛政を行っていると高く評価した。

ちなみに、物語において、美人姉妹二橋《にきょう》（毛宗崗本は二喬）の父が橋玄になっているのは、曹操との特別な関係を示すためである。ただしその設定だと、赤壁の戦いの時点で小喬《しょうきょう》は五十歳を超えてしまう。

曹操の武略を記した『孟徳新書』

官渡での勝利は、行き詰まった漢の寛治を引き継ぐ袁紹を、革新的な曹操が破ったということで、曹操の先進性に時代が味方したようにも見える。しかし先進性だけで戦いに勝てる訳ではない。この勝利は曹操の兵法研究の賜物だった。

曹操は兵法に精通しており、特に『孫子《そんし》』につけた注は高く評価され、『孫子』解釈の決定版として今も読み継がれている。

曹操の注の特徴は、実際に戦った経験をもとに『孫子』を解釈している点である。たとえば、「兵力差が十倍以上であれば、（城攻めのような）包囲戦を行うことができる」という本文に対して、曹操は、「十倍という兵力差で敵を包囲するという原則は、敵味方の将軍の智能や勇猛さが同等で、将兵の士気・兵器の技術・武器の性能などがほぼ互角の場合である。それらが優勢なときには、十倍もの兵力差は不要である。わたしはたった二倍の兵力で下邳《かひじょう》城を包囲し、呂布を生け捕りにした」と注をつける。机上の空論ではない実践性の高さが、他にはない説得力を生んでいる。

曹操は『孫子』をはじめとする諸家の兵法書を学び、それらの記述を抜粋して解説を加えた。それが『兵書接要《へいしょせつよう》』であり、物語の中では『孟徳新書《もうとくしんしょ》』と呼ばれる本である。曹操配下の諸将は『兵書接要』を参照して行動するため、スムーズな作戦行動が取れた。さらに、重要な任務を与える部下には、「軍令」を著して自ら策を授け、指示内容を書き与えた。こうした曹操の武略が、群雄を撃破し、華北を統一していく原動力となった。

曹操が負けた理由

意思疎通のとれた強靭な軍を擁する曹操だが、赤壁の戦いでは敗北を喫する。一つ目の敗因は油断である。当時、黄河流域の中原《ちゅうげん》の覇者が中国を統一するのは自然なことだと思われており、曹操は、荊州、揚州の支配権を争うことなく得られると考えていた。それは、荊州への遠征開始が建安十三（二〇八）年七月であるにもかかわらず、八月に孔融《こうゆう》（孔子の二十世孫、曹操を批判）を殺害していることからも分かる。

曹操は、荊州の劉表政権を支えていた蔡瑁《さいぼう》とは孝廉《こうれん》（郷挙里選《きょうきょりせん》と呼ばれる官僚登用制度の科目名）の同期であり、荊州遠征につながる劉表危篤の情報も蔡瑁から得たのだろう。益州からは劉璋《りゅうしょう》が曹操に恭順の意を示すため援軍を派遣していた。揚州の孫呉には、張昭《ちょうしょう》だけではなく、孫賁《そんふん》（孫権の一族。娘が曹操の子に嫁ぐ）にも内応を求めていた。

『孫子』における最善策は、戦わずして勝つことである。曹操はそのために入念な下準備をしていた。だからこそ、黄蓋《こうがい》の偽降を見抜けず、火攻めに敗れた。

二つ目の敗因は、慣れない水戦である。長江流域の勢力が、黄河流域の勢力を水戦で破ったのは赤壁の戦いが初めてである。それまでの戦いは、騎兵を切り札とする陸戦で決するものだった。

また、華北を中心とした黄巾の乱、そして折からの地球規模の寒冷化によって長江流域の人口が増加しており、それが長江中下流域を支配する孫呉、上流域を支配する蜀漢が曹魏に対抗できた理由でもあった。

漢と儒教の打倒を目指す

赤壁の敗戦で曹操の中国統一は遠のいた。そののち、曹操が漢、そしてそれを支えている儒教の打倒に向かったことも、高く評価すべきである。曹操は、赤壁の二年後には、人材登用の方針として唯才《ゆいさい》主義（才能だけで人材を評価）を掲げ、儒教的価値基準に基づく漢の官僚登用制度を否定している。

さらに曹操は、すべての文化の中で儒教だけが価値を持つとする後漢の価値基準を崩すため、文学を高く評価する。漢の儒教は「聖漢《せいかん》」のみを正統化していたため、漢を滅ぼして魏を建国するためには、こうした儒教の価値観を変えなければならなかった。

曹操は、中国最初の自覚的文学活動として建安文学を創設し、漢の滅亡や二袁（袁紹・袁術）の討伐、自らの政策方針などの詩を曲にのせて唱和させた。さらに、文学を人事基準にすることも試みた。これは、唐代の科挙の進士科《しんしか》へと継承される。ただし、文学の宣揚は、文学的才能に秀でる曹植（曹操の三男）と後継者を争った曹丕により終焉を迎える。曹丕が導入した九品中正制度（科挙まで続く官僚登用制度）は、儒教の尊重する孝が根底にある。

とはいえ曹操の文学宣揚が儒教に与えた衝撃は大きく、儒教は革命を容認する方向に経義を変えていく。これにより曹丕は、漢から魏へ国家を交代する漢魏《かんぎ》革命を儒教で正統化し、官僚登用制度も儒教的価値基準によって運用することができた。曹操の革新性は、子の曹丕による曹魏建国、果ては隋唐帝国の中国統一として、その実を結ぶのである。

顔良を瞬殺した関羽の強さ

中国では今でも、三国時代の人物の中で関羽が最も尊敬され、崇拝もされている。毛宗崗本においても関羽の武勇は特に際立っている。

しかし、関羽は三国志の中で一番強いというわけではない。三国志の中で最強の武将は、個人では呂布、将軍では曹操だろう。呂布の武勇は、史書にも「人中《じんちゅう》に呂布あり、馬中に赤兎《せきと》（呂布の愛馬である赤兎馬）あり」と称えられる。物語でも、劉備、関羽、張飛の三人を相手に、一人で対等に渡り合っている。

曹操の将軍としての強さは、白馬・官渡の戦いでの『孫子』に基づく采配を見れば明らかである。実はその白馬の戦いこそ、史書にも記される、関羽の武勇が大いに発揮された舞台である。

建安五（二〇〇）年、官渡の前哨戦となる白馬の戦いで、関羽は袁紹の先鋒顔良を討ち取る。当時の関羽は、劉備が曹操に敗れた際に劉備の妻子を守るために降伏し、曹操の部下となって厚遇されていた。ただし、史書では個人の武勇にはそれほど重きがおかれず、その記述はわずか十九文字に過ぎない。「羽望見良麾蓋、策馬刺良於万衆之中、斬其首還（関羽は顔良の麾蓋《きがい》（旗印と傘）を望み見ると、馬に策《むちう》ち顔良を多くの兵の中に刺し、その首を斬って還《かえ》った）」

これに対して、毛宗崗本は関羽の武を次のように描写する。

「関公、勇躍《ゆうやく》馬にまたがり、青龍偃月刀《せいりゅうえんげつとう》（約五〇キロの重さの薙刀《なぎなた》）を片手に山を駆け下り、切れ長の眼をかっと怒らせ、太い眉をきりりと逆立て敵陣に駆け入れば、河北の軍勢はわっと波のように分かれるところ、顔良目指して殺到した。顔良は、関公がすさまじい勢いで突き進んで来たので、声をかけようとした時、赤兎馬（曹操から賜与された名馬）は早くも眼前に迫り、刀を構えるいとまもなく、雲長《うんちょう》（関羽の字）の刀一閃《いっせん》して馬下に斬って落とされた。関公ひらりと飛びおりその首を掻《か》き斬り、馬首に括《くく》りつけるなり馬に飛び乗って、敵陣を駆け出でたが、その勢いあたかも無人の境を行くが如《ごと》く、河北の将兵はただただ仰天し、戦わずして総崩れとなった」。

関羽一人の力によって白馬の囲いが解けていくような勇壮な記述である。物語はさらに関羽の武を引き立てるため、袁紹の武将文醜も関羽に斬られたとする。このように物語が描く関羽の活躍には創作も多いが、それでも関羽が当時を代表する武人であったことは間違いない。その後も、樊城を守る曹仁を攻め、援軍に来た于禁《うきん》と龐悳を破り、曹操に遷都を検討させるほどの力を披露している。

しかしそれでも、個人としての武勇では呂布が勝り、軍を指揮する力は曹操が三国一であった。関羽は武というよりもむしろ「義」の人なのである。

義の武将・関羽

最初に関羽を「義」と評した者は、史書でも物語でも曹操である。白馬での功績を称えて、曹操は関羽を漢寿亭侯に封建する。しかし関羽は長く留まらないだろうと思っていた曹操は、そのことを張遼《ちょうりょう》に尋ねさせた。関羽は曹操の厚遇に感謝しており、必ず手柄を立て、恩返しをしてから劉備のもとに戻ると答えた。

そして関羽は顔良を斬って手柄を立てると、曹操からの恩賞に封印をし、手紙を捧げて訣別を告げ、袁紹の軍にいる劉備のもとへ帰った。側近が関羽を追おうとするが、曹操は「彼は彼で自分の主君のためにしている。追ってはならない」と止めた。物語も史書の言葉を踏襲する。曹操に厳しい毛宗崗本でも、この場面だけは、「関羽が豪傑の中の豪傑であるため、奸雄もこれを愛した」と曹操が高く評価されている。曹操は関羽が義の人であることをよく知っていた。

関羽の義が最もよく描かれているエピソードは、華容道《かようどう》で曹操を許す「義もて曹操を釈《はな》つ」である。

赤壁で敗れた曹操は、趙雲と張飛に散々に敗れたのち、華容道で関羽の待ち伏せに襲われる。曹操は死を覚悟するが、謀臣の程昱《ていいく》が、関羽にかけた恩に縋《すが》るべきだと進言する。曹操はうなずいて、直ちに馬を進めると雲長に会釈して、「将軍、その後お変わりなかったか」と言う。雲長も会釈をし、「このたびは軍師の命により久しく丞相をお待ちしておりました」と応えた。曹操と関羽の会話は続く。「わたしは合戦に敗れ兵を失い、かかる窮地に至ったが、将軍には昔日《せきじつ》の情義に免じて、この場を見逃してほしい」「わたしは丞相の厚恩を蒙りましたが、すでに顔良・文醜を斬り、ご恩を報じました。今日は私情は許されませぬ」「貴殿が、五ヵ所の関で守将を斬られた時のことを覚えておられるか。大丈夫たる者は、信義を重んじるもの。『春秋《しゅんじゅう》』に造詣《ぞうけい》の深い貴殿のことゆえ、庾公之斯《ゆこうしし》が子濯孺子《したくじゅし》を追った時のことをご存知であろう（注：衛《えい》の庾公之斯は、鄭《てい》の子濯孺子を追い討ちした際、子濯孺子の肘が悪く弓が引けないことを聞き、また自分の弓の師の師であったため、公私の狭間に悩み、鏃《や》を抜き取った矢を四本射かけて引き返した）」

義を重んじる関羽が、かつて曹操から受けたいくつもの恩義、そして五関の守将を斬った時のことを思い起こして、心が動かないはずはない。しかも曹操の軍勢はみな戦々恐々として泣いており、その姿が同情を誘う。結局、関羽は馬首を返し、自分の兵士たちに「散れ」と命じた。

中国近代小説の祖である魯迅《ろじん》は、『中国小説史略』の中で、関羽の気概が凜然《りんぜん》としている、とこの場面を高く評価している。関羽の「義」を示す創作は数多くあるが、その中でこの場面が最も輝きを放つのは、関羽が曹操の命を救うために、自らの命を投げ出しているからである。義とはまさに、命をかけて恩義に報いることである。

曹操との出会いと別れ

関羽はやがて、孫権の裏切りによって麦城《ばくじょう》で戦死する。孫権は、関羽の首を木箱に入れ、曹操に献上する。毛宗崗本はこれを次のように描く。

曹操が箱を開くと、関公の顔は生きているようである。思わず笑って、「雲長殿、その後お変わりなかったか」と、その言葉も終わらぬうち、関公の口が開き目が動いて、髪も髭も逆立ったので、あっと驚いて倒れた。しばらくして気を取りもどした曹操は、「関将軍は天神である」と言った。やがて曹操は犠牲を屠《ほふ》って霊を祀り、香木で躯《からだ》を刻み、王侯の礼により洛陽の南門外に埋葬する。自ら祭主となり、荊王《けいおう》の位を遺贈し、役人に墓守をさせることにした。

「雲長殿、その後お変わりなかったか」という言葉は、曹操が華容道で関羽に言った「将軍、その後お変わりなかったか」を踏まえたものである。二人が建安五（二〇〇）年に許《きょ》で別れてから、建安十三（二〇八）年に華容道に再会するまで八年。「将軍、その後お変わりなかったか」と語りかけられた関羽は、義によって曹操を見逃した。

そして華容道で別れてから、建安二十四（二一九）年、関羽が首だけになって曹操と再会するまで十一年。首だけになった後も呂蒙を取り殺し、孫権を押し倒した関羽だが、「雲長殿、その後お変わりなかったか」と語りかける曹操に対しては、劉備と蜀漢にとって最大の敵であるにもかかわらず危害を加えなかった。曹操もまた、最後まで関羽に礼を尽くして敬い、自ら祭主となって関羽を祭り、荊王の位を遺贈した。

孫権から関羽の首を送られた曹操が、諸侯と同じ礼をもって関羽を葬ったことは史実である。関羽と曹操の因縁はこれによって幕を下ろす。

諸葛亮の魔術じみた智

三国志の前半の主役が「奸絶」曹操と「義絶」関羽だとすれば、後半の主役は「智絶」諸葛亮である。先述した通り、中国では関羽が最も尊敬されているが、日本では諸葛亮の人気が非常に高い。詩人の土井晩翠《つちいばんすい》は、「星落秋風五丈原《ほしおつしゅうふうごじょうげん》」の中で、「悲運《ひうん》を君よ天に謝《しゃ》せ」と詠んで、諸葛亮が愛される理由をその悲運に求める。しかし毛宗崗本では、日本人が好む悲運な面よりも、諸葛亮の超人的な力が印象的に描かれている。

諸葛亮が物語で用いる道術（道教の秘術）の中で最も有名なものは、赤壁の戦いに際して東南の風を呼ぶ「借東風《しゃくとうふう》」だろう。毛宗崗本によれば、諸葛亮は周瑜に、「わたしは非才ですが、かつて異人より『奇門遁甲天書《きもんとんこうてんしょ》』を伝授され、風を呼び雨を降らせることができます」と宣言して七星壇で道術を行い、風を呼んで赤壁の戦いが始まる。

ただし、七星壇で道術を行って風を吹かせるという展開はいささかリアリティに欠ける。そのため、諸葛亮はその時期に季節はずれの東南の風が吹くことを知っていた、すなわち「風を読んでいた」と説明されることも多い。

史書には、黄蓋が曹操軍を火攻めした時、「東南の風急《かぜきゅう》なり」と記されているが、あくまで偶然の自然現象であり、諸葛亮が風を呼んだわけではない。これに対して、『三国志平話』などの語りものでは、諸葛亮は道教の魔術を使って風を呼ぶ。

毛宗崗本でも諸葛亮が風を吹かせるわけだが、道教との関わりが薄くなっているのが特徴的である。諸葛亮は「魔絶」や「妖絶」ではなく「智絶」だからである。毛宗崗本では、諸葛亮の道術は、異人から伝授された『奇門遁甲天書』を学んだ叡智の結果として発揮される。

実践重視の荊州学を学んだ諸葛亮

史実における諸葛亮は常識人である。人が驚くような奇策を次々と繰り出すようなタイプではなく、騙しあいを前提とする戦術は得意としない。儒教の祖である孔子も、徹底的な常識人であった。諸葛亮は、儒教の中でもとくに、実践的・理智的な荊州学を司馬徽から学んでいた。

後漢の儒教を集大成した鄭玄《じょうげん》の経学《けいがく》は、細部にこだわる精密な経典《けいてん》解釈と、儒教の超越性を支える神秘性の承認を特徴とする。これに対して荊州学は、神秘主義的な解釈を否定し、実践を何より重視した。乱世を平定できなければ、思想として意味はない、というわけである。このため諸葛亮は、経典の中では実践的な事例を多く含む『春秋左氏伝《しゅんじゅうさしでん》』を政策決定の規範とした。

劉備の基本戦略として示された「草廬対」は、実践的であると共に、常識的な戦略であった。漢を中興した後漢の光武帝劉秀《こうぶていりゅうしゅう》の戦略に近く、儒教の大原則「聖漢《せいかん》による大一統《だいいっとう》」（漢による中国統一）に忠実だからである。

しかし、関羽が荊州を失ったことにより「草廬対」は破綻する。益州から長安を攻めるには、蜀の桟道《さんどう》を通らねばならず、大きな困難を伴った。それでも諸葛亮は、政策継続に向けて努力を惜しまなかった。荊州から攻め上がる役割を曹魏に降伏した孟達に期待し、それが失敗すると、孫呉が攻め込むよう外交努力を続け、あくまで自らの基本戦略を貫いた。諸葛亮の「智」の裏には、このような弛《たゆ》まぬ努力があったのである。

劉備が諸葛亮に伝えた遺言の意味

劉備が建国した蜀漢は益州のみを統治するが、政権の中核を担う役職は、すでに失っていた荊州の出身者が独占していた。それは、荊州で有名だった諸葛亮が荊州名士を優遇したからである。自らの「智」の実現には、政治権力が必要である。

劉備は法正《ほうせい》を寵愛して荊州名士の優遇に対抗したが、法正が病死し、諸葛亮が益州在住の荊州名士まで優遇するようになると、荊州出身者の優遇は揺るぎ難いものになった。

物語では「水魚の交わり」として絶対的な信頼関係でつながっている諸葛亮と劉備には、こうした政治的なせめぎあいもあった。そうしたなか、夷陵の戦いで劉備は陸遜に敗れ、白帝城で最期を迎える。

『三国志』は、劉備の遺言を「もし劉禅に補佐に値する才があれば、補佐してほしい。もし才がなければ、君が自ら君主の地位を取るべきである」と伝える。陳寿は、先主《せんしゅ》（劉備）伝に評をつけ、この言葉に君臣の信頼関係を象徴させ、この後の諸葛亮の一生は、劉禅を託された信頼に応える忠で貫かれていた、と強調する。しかし、明末の王夫之《おうふうし》は、劉備の遺言を「乱命《らんめい》」とし、「この遺言から、劉備が諸葛亮を、関羽のように全面的には信頼していないことが分かる」と述べている。

劉禅に皇帝としての才がないことは明らかであった。それを踏まえると、劉備の遺言は、諸葛亮に即位せよと言っているのと同じなのである。事実、李厳は諸葛亮に皇帝になる準備をするように進言している。だが、諸葛亮は従わない。劉禅に才能がなければ自分が即位するというのは、たしかに劉備の命令である。かといって命令に従えば、諸葛亮を父と慕う劉禅を裏切り、漢復興の志を捨てることになる。このように、臣下が従うことのできない命令を「乱命」と呼ぶ。

劉備がこうした遺言を残した理由は、劉備と諸葛亮の間の緊張関係にある。諸葛亮たち名士の夢は、自分達が政権の中心となって理想の新国家を作ることである。そのためには、君主と争ってでも政策を推進していく。具体的には、劉備に嫌われていた劉巴《りゅうは》の任用をめぐり、劉備と諸葛亮はせめぎあっていた。劉巴の経済的な才能を評価する諸葛亮は、難色を示す劉備を押し切り、行政長官である尚書令《しょうしょれい》に任命させた。尚書令は、かつて劉備が諸葛亮と相性の悪い法正を据えて、諸葛亮の勢力を牽制した官職である。劉巴は、銅銭の不足によるインフレ・景気後退に対して、鉄銭を鋳造して経済を安定させる。

諸葛亮は、このために自らの勢力基盤を荊州名士に求めた。劉備は「乱命」を遺《のこ》して牽制しなければ、劉禅を守れないと考えたのであろう。

諸葛亮の忠心が涙を誘う「出師表」

臨終に際して、劉備に警戒されたことは諸葛亮にとって心外だったに違いない。それでも、漢室の復興の志と誠実な人柄が、諸葛亮を忠臣たらしめた。劉備の乱命を無視し、劉禅を全力で補佐する諸葛亮は、国是《こくぜ》である曹魏を打倒する北伐の準備として、呉と同盟を修復したうえで南征を行う。

諸葛亮の益州統治は、経済的に益州豪族の利害と競合しないように努めたところに特徴がある。北伐の前段階として行われた南征と南中《なんちゅう》（現在の雲南省）統治はその典型である。史実の諸葛亮は、南征によって南中から金、銀、丹、漆《うるし》、耕牛、戦馬を納めさせ、軍事と国家の需要に対応した。その後も異民族の漆や塩池《えんち》を国有化し、南中の開発を進めている。さらに、異民族を集めて「飛軍《ひぐん》」という部隊を作り、王平に率いさせた。異民族を教化し、あるいは移住させることにより、戸口の増加を図ったのである。

南征により準備を整えた諸葛亮は、いよいよ国是である魏への北伐に向かう。その際、劉禅に捧げたのが「出師表」だ。諸葛亮の「忠」をよく表す文章で、日本でもよく知られ、「これを読んで泣かない者は不忠である」と言われる名文である。現代語訳はすでに示したので、ここでは古来読み継がれてきた訓読で引用する。

先帝《せんてい》（劉備）創業《そうぎょう》未《いま》だ半《なか》ばならずして中道《ちゅうどう》に崩殂《ほうそ》せり。今《いま》天下《てんか》三分《さんぶん》し、益州疲弊《ひへい》す。此《こ》れ誠《まこと》に危《き》急存亡《きゅうそんぼう》の秋《とき》なり。……臣《しん》（諸葛亮）は本布衣《もとふい》、躬《みずか》ら南陽《なんよう》に耕《たがや》し、苟《いやしく》も性命《せいめい》を乱世《らんせい》に全《まっと》うし、聞達《ぶんたつ》を諸侯《しょこう》に求《もと》めず。先帝、臣の卑鄙《ひひ》なるを以《もっ》てせず、猥《みだ》りに自《みずか》ら枉屈《おうくつ》し、三《み》たび臣を草廬《そうろ》の中に顧《かえり》み、臣に諮《はか》るに当世《とうせい》の事を以てす。是《これ》に由《よ》り感激《かんげき》し、遂《つい》に先帝に許《ゆる》すに駆馳《くち》を以《もっ》てす。……今 南方已《すで》に定まり、兵甲《へいこう》已に足《た》れば、当《まさ》に三軍《さんぐん》を奨率《しょうそつ》し、北のかた中原を定むべし。庶《ねが》わくは駑鈍《どどん》を竭《つく》し、奸凶《かんきょう》を攘《はら》い除《のぞ》き、漢室《かんしつ》を興復《こうふく》し、旧都《きゅうと》に還《かえ》さん。此《こ》れ臣が先帝に報《むく》いて、陛下《へいか》に忠《ちゅう》なる所以《ゆえん》の職分《しょくぶん》なり。……臣 恩《おん》を受《う》くるの感激《かんげき》に勝《た》えず。今 遠《とお》く離《はな》るるに当《あ》たり、表《ひょう》に臨《のぞ》みて涕零《なみだお》ち、言う所《ところ》を知《し》らず。

（『三国志』諸葛亮伝）

出師表では、劉禅を指す「陛下」という言葉が六回使われているのに対し、劉備を指す「先帝」という言葉は十三回も使われている。「先帝」の多用は、自分は劉備の信任を受けて劉禅に忠を尽くすのである、という意志の強調である。劉備の遺言がそうした配慮を諸葛亮にさせた。幸い、劉禅は諸葛亮を固く信じ続けた。皇帝の資質に恵まれず、亡国の暗君として知られる劉禅だが、諸葛亮を「相父《しょうほ》」（丞相である父）と慕って全く疑わなかったことは、諸葛亮が忠臣として一生を全うできた大きな要因であり、この点は評価に値する。

史実では諸葛亮の北伐はかなり厳しいもので、勝機があったのは第一次だけであった。第二次北伐では諸葛亮が陳倉《ちんそう》を攻撃したが、落とせなかった。その間、諸葛亮を囮に、蜀の武将である陳式《ちんしょく》が武都《ぶと》、陰平《いんぺい》の二郡を奪う。これが第三次北伐である。第四次北伐では司馬懿と主力軍同士で戦い、勝利をおさめたものの、兵糧が尽きて撤退する。第五次北伐では五丈原で司馬懿と対峙し、諸葛亮が陣没して蜀漢軍は撤退する。

諸葛亮は北伐においてあらゆる手を尽くしている。外交によって孫呉の協力を引き出し、困難な撤退を無傷で行い、兵糧補給の問題を解決し、敗戦後は責任の所在を明らかにして兵の士気を維持して次の戦いに備えた。志半ばで倒れはしたが、諸葛亮の能力の高さがよく分かる活躍ぶりである。

時代を超えて評価され続ける諸葛亮

諸葛亮の漢による天下統一は、ついに実現しなかった。それでも、諸葛亮は高く評価され続けた。その大きな理由は、諸葛亮が復興を夢見た「漢」にある。漢は、ヨーロッパにおけるローマと似ている。同時期に存在した同規模の古代帝国というだけではない。「すべての道はローマに通ず」という言葉の通り、ヨーロッパ文化の源流はローマにある。同じように、中国文化の源流は漢にあるのだ。

したがって、漢の復興にすべてを賭けた諸葛亮は、中国の「古典」国家を守ろうとした者と位置づけられる。規範としての「漢」の重要性の故に、漢の復興を目指した諸葛亮が評価されるのである。

北方民族に南に押し込められ、諸葛亮と同様に「中原回復」を国是とする南宋の朱子も諸葛亮を絶賛する。諸葛亮の「智」は、忠と義に裏打ちされていた。だから忠義の心を持つ者は「出師表」を読んで涙するのである。

第四章　代表的な戦い

関羽と呂布の武勇が輝く「汜水関・虎牢関の戦い」（一九一年）

虎牢関の戦いにおいて、呂布が赤兎馬にまたがり劉備三兄弟と対峙するシーンは、フィクションであるが、呂布の強さにうならされる名場面である。物語では、虎牢関の戦いの前に、関羽が董卓配下の華雄《かゆう》を斬る汜水関《しすいかん》の戦いを挟む。汜水関の戦いもフィクションである。史実だと華雄は孫堅に斬られている。

毛宗崗本では、虎牢関の戦いが次のように描かれている。

曹操が偽りの詔を各地におくると、董卓を打倒するため、各地で諸将が一斉に蜂起した。曹操は軍議を開き、袁紹を盟主とし、孫堅が先鋒を志願して洛陽の東、汜水関に攻めかかった。董卓側の武将は華雄。袁術が兵糧を送らず混乱していた孫堅軍を一蹴して、袁紹の本陣に迫って何人もの武将を討ちとる。色を失った袁紹の幕中で「華雄の首を献じましょう」と豪語した者がある。関羽である。曹操は熱い酒を注がせ、一杯あおって馬に乗るよう勧める。関羽は、

「置いておいて下さい。すぐに戻りますから」と言うや、馬にまたがり出陣した。鬨《とき》の声があがり、天が砕《くだ》け地が破れんばかりの物音が轟《とどろ》く。しばらくして鈴の音が響くと、馬が本陣へと駆けこみ、関羽が華雄の首を地面に放り投げた。そのとき、酒はまだ冷めていなかった。

（『毛宗崗批評三国志演義』第五回）

魯迅が高く評価するように、毛宗崗本は汜水関の戦いを音によって印象的に演出する。関羽が出陣したのち、「鬨の声」があがり、「天が砕け地が破れんばかりの物音」が轟き、「鈴の音」が響いて、関羽が華雄の首を放り投げる。ここでも「どさっ」と音がしたはずだ。

たしかに、読者の想像力を掻き立てる見事な表現だが、具体的にどのように戦ったかは何も書かれていない。華雄がどんな陣形を布《し》き、関羽がどんな軍隊を率いて、どこから攻めて、どうやって華雄を討ち取ったのかは、いっさい分からない。虚構なのだから当然である。戦いの具体像を定められない中、なんとか印象的に描こうとする『三国志演義』の著者たちの努力が感じられる。戦いは、虎牢関へと進んでいく。

華雄を討ちとられた董卓軍からは、ついに呂布が姿を現す。真っ赤な錦《にしき》のひたたれを着け、手には方天画戟を持ち、董卓から贈られた赤兎馬にまたがった呂布は、無人の野を行くように、兵をなぎ倒す。まさに、「人中に呂布あり、馬中に赤兎あり」である。呂布をくい止めた者は、丈八の蛇矛《だぼう》を手にした張飛であった。張飛は呂布と五十回以上も打ち合ったが、勝負がつかない。これを見た関羽は、八十二斤《きん》の青龍偃月刀を舞わせて、呂布を挟み討ちにした。三頭の馬が丁字形になって攻め合い、三十回も打ち合ったが、呂布を打ち負かせない。劉備は二本の剣を抜くと、黄色いたてがみの馬を走らせ、斜めから切り込んで加勢した。三人は呂布を囲み、回り灯籠のように力を合わせて戦った。形勢不利とみた呂布は、劉備に脅しの一撃を加え、劉備がかわすところを馬を飛ばして退却し、虎牢関に逃げ込んでいった。

（『毛宗崗批評三国志演義』第五回）

結果的に呂布が撤退するので劉備三兄弟の勝利といえるが、武勇を誇る三人を相手に立ち回る呂布の圧倒的武力がよく分かる。物語のなかでも史実でも、三国時代で個人として最強なのは呂布で間違いない。

曹操の強さがよく分かる「官渡の戦い」（二〇〇年）

ここからは史書をもとに戦いを見ていこう。初平元（一九一）年に反董卓を旗印に挙兵して以来約十年、ようやく曹操は河南の兗州、豫州《よしゅう》を基盤に、献帝を擁立して天下に号令する立場を築き上げた。一方、袁紹もまた、河北の冀州、幽州《ゆうしゅう》、并州《へいしゅう》、青州を支配し、曹操以上の勢力範囲を手に入れていた。しかも、許を拠点に曹操の支配する河南が黄巾の乱の中心地となり、戦乱と飢えで苦しんだのに対して、袁紹の支配する河北はさほど戦火も被らず、その拠点の鄴《ぎょう》がある冀州は、「民戸百万家、精兵三十万」を有するといわれる恵まれたエリアだった。

袁紹が精兵十数万を率いて本拠の鄴を出発したという知らせを受けた曹操は、建安四（一九九）年八月、黄河の北の黎陽《れいよう》に先制攻撃を仕掛けた。さらに、一軍を割いて官渡の守備に当たらせ、袁紹に備えた。十一月、張繡《ちょうしゅう》が降伏して後顧の憂いがなくなると、十二月、曹操は官渡に軍を進め、決戦に向かう。

建安五（二〇〇）年二月、袁紹の大軍が進撃を開始する。黎陽に進軍した袁紹は、白馬を守る曹操側の劉延《りゅうえん》を、顔良に攻めさせる。四月、白馬が包囲されると、曹操は自ら救援に赴く。軍師の荀攸《じゅんゆう》は、いったん延津《えんしん》に兵を進め、黄河を渡って敵の背後を衝《つ》くと見せかけ、白馬に軽騎で急行して油断している顔良を討つという策を提案する。曹操はこれを実行した。荀攸の思惑通り、袁紹は軍を二分し、主力を西に向けて曹操軍の渡河に備えていた。曹操は一気に白馬に向かい、顔良を関羽と張遼に攻撃させた。関羽が顔良を斬り、曹操は白馬の包囲を解き、兵を西に返した。

置き去りになった袁紹の主力は、黄河を渡って延津の南へ進み、曹操を追撃する。その際、騎兵が先行して縦に長い陣形になっていた。これを見た曹操は、輜重《しちょう》（軍

白馬の戦い

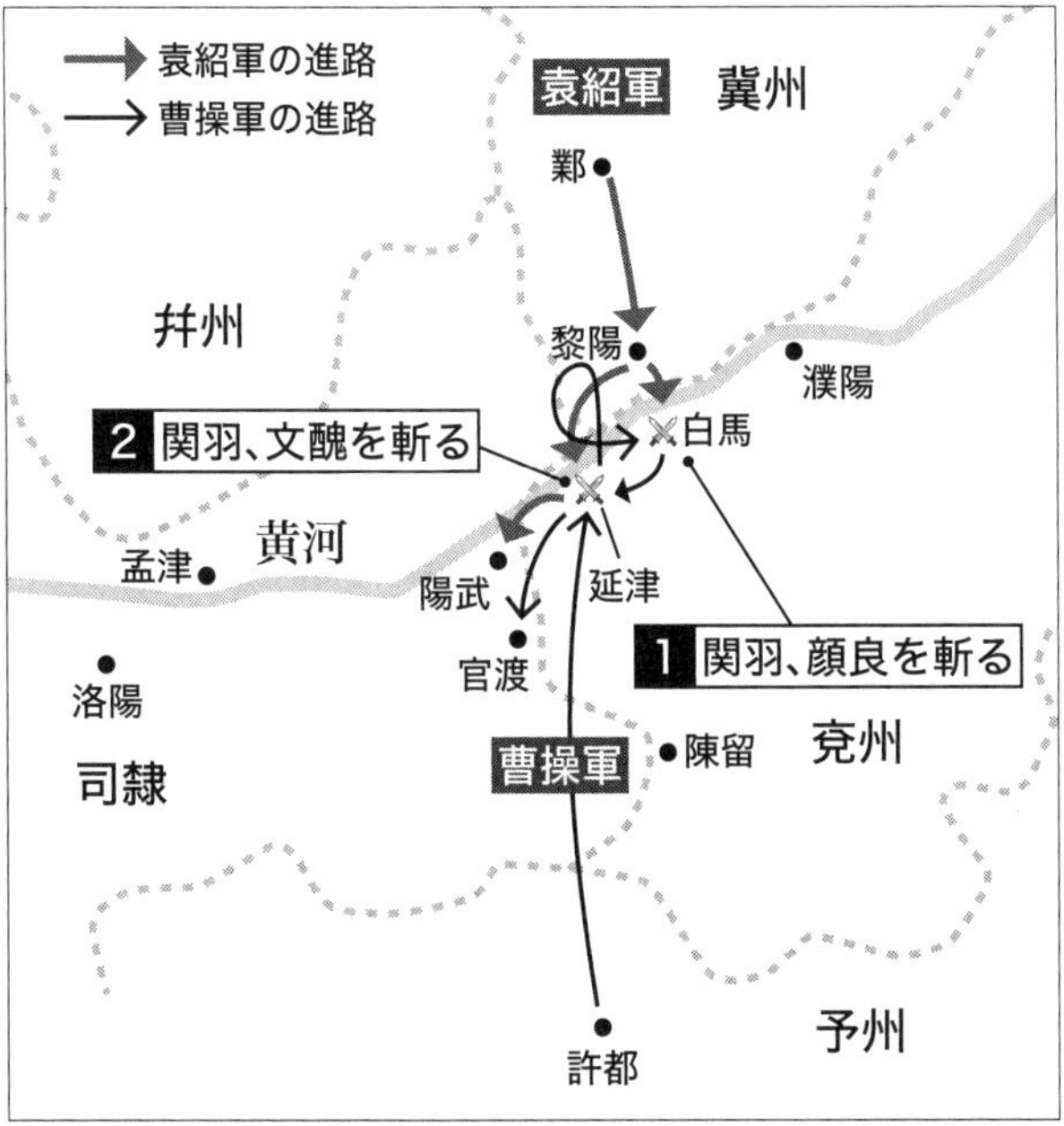

事物資）をすべて街道に放棄する。敵の騎兵のなかから輜重にたかるものが出始めると、曹操は全軍で攻撃し、六百あまりの騎兵で文醜を討ち取った。文醜は顔良と並ぶ袁紹軍の勇将である。顔良、文醜の戦死で袁紹軍の士気は下がり、曹操は官渡に帰還する。緒戦は曹操の大勝に終わり、以降、官渡で本格的な

陣地戦が展開される。

緒戦に敗れ、陽武に陣取った袁紹は、各陣営を横に並べて前進し、官渡に迫って決戦を挑む。兵力不足の曹操は、自陣深くに籠もった。すると袁紹は、櫓《やぐら》や土山《どざん》を造り、その上から矢で攻撃した。曹操軍も陣内に土山を築いて対抗し、「霹靂車《へきれきしゃ》」という移動式の投石機を使って、敵の櫓と土山を狙い撃った。対する袁紹軍は、「地突《ちとつ》」と呼ばれる地下道を敵の陣地の下まで掘り進める作戦を実行する。しかし曹操軍は深い塹壕《ざんごう》を何重にも掘って、地突を無力化した。

戦いは長引き、曹操軍の兵糧輸送が滞り始めると、曹操は許昌の留守を預かる荀彧に撤退すべきかどうかを相談した。荀彧は名士間の情報から勝利を確信しており、抗戦を続けるよう曹操を勇気付けた。曹操が袁紹の兵糧輸送を襲撃すると、袁紹は烏巣《うそう》に大規模な兵糧貯蔵施設を作って淳于瓊《じゅんうけい》に守らせる。

このとき、袁紹に献策を無視され続けた名士の許攸《きょゆう》が、曹操に寝返る。

実は袁紹陣営では、すでに戦いの勝利を前提としてその後を見据えた勢力争いが始まっていた。その中で許攸は収賄を咎められて失脚し、曹操に烏巣襲撃策をもた

官渡の戦い

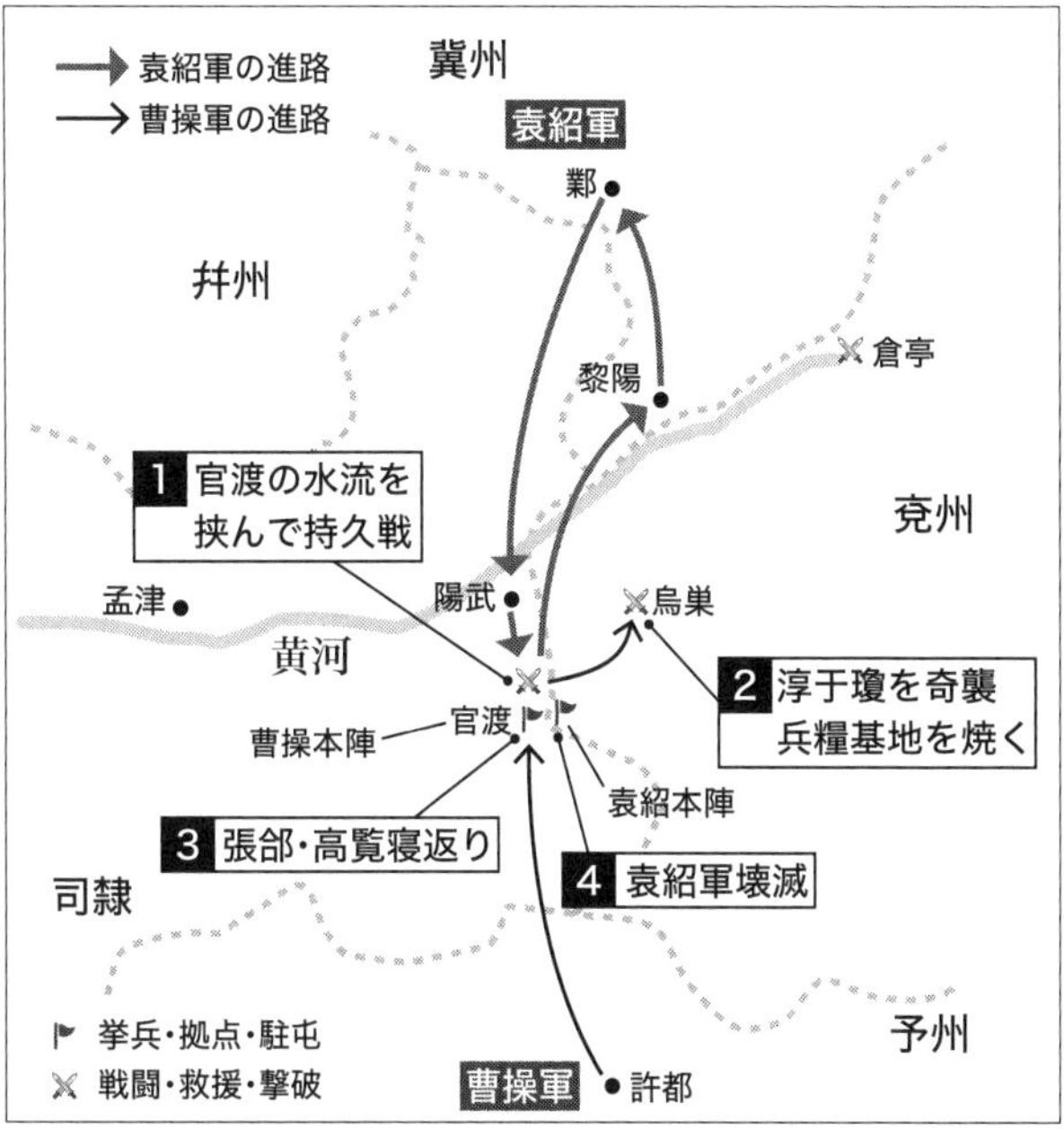

らすのである。曹操陣営では許攸を怪しむ声もあったが、荀攸《じゅんゆう》と賈《か》詡《く》の進言もあり、曹操は精鋭を率いて烏巣を攻め、淳于瓊を破って兵糧を焼き払った。

　袁紹は淳于瓊を援護しながら、曹操不在の官渡を張郃と高覧《こうらん》に攻撃させていた。しかし、淳于瓊敗退の知らせを聞いた張郃、高覧は降伏し、袁紹軍は総崩れとなる。こうして曹操が官渡の戦いを制した。

曹操の勝因は、許攸の降伏によって袁紹側の兵糧の貯蔵場所と、その防衛状況などの情報を入手できたことだ。また、名士層のネットワークを通じて情報を入手し、状況分析できる体制が整っていたことも大きかった。戦乱の時代において、仲間社会を持つ名士層は重要な情報源である。許攸が曹操にもたらしたのは、それらのなかでもとくに価値の高い情報であった。

もちろん袁紹陣営も情報の重要性は重々承知しており、敗れた袁紹の本陣からは、許から送られた内応を告げる手紙が何通も見つかっている。曹操側の情報も洩《も》れていたのである。手に入れた情報を分析し、戦いに活かす力は、曹操の方が長けていたということだろう。

張飛が劉備軍のピンチを救う「長坂の戦い」（二〇八年）

袁紹を破って華北を統一した曹操は、中国統一のために荊州へ南下する。たまたま劉表が病死し、客将だった劉備は、曹操に追われて南に逃げた。すると荊州の民が劉備を慕って次々合流する。当陽に至るまでには十万人以上の集団になり、移動速度は非常に遅くなっていた。

劉備は関羽に水軍を与えて江陵《こうりょう》に向かわせ、諸葛亮を孫権へ使者として派遣した。曹操は騎兵を選りすぐって劉備を追いかけ、長坂坡で決戦となった。曹操は、大勢の民を含む劉備軍を躊躇なく殺戮していく。趙雲が阿斗を抱いて曹操軍の中を駆け抜けたのはこの時のことである。

敗戦の中、劉備軍のしんがりを務めたのは張飛であった。わずか二十騎を率いた張飛は、川を背にして立ちはだかる。ものすごい剣幕で名乗りをあげる張飛の迫力に押され、曹操軍は前に出ることができない。こうして劉備は無事、夏口まで逃げ切った。なお、長坂橋での張飛の勇姿は史書に明記されている。

基本的に、軍隊というのは前からの攻撃に強く、後ろからの攻撃に弱い。軍の撤退時には、弱い背中を敵に見せて逃げる形になるため、追撃をくい止める殿《しんがり》軍の働きが非常に重要である。曹操から逃げる際、殿を務めたのが張飛でなかったら、劉備の命運はここで尽きていたかもしれない。

また、北伐に苦戦し撤退を繰り返した諸葛亮が、難しい撤退時に一度も兵を失っていないことは、その名将と言われる理由である。

黄蓋の火攻めが炸裂！「赤壁の戦い」（二〇八年）

建安十二（二〇七）年、曹操は南下して荊州を降し、劉表の旧臣をそれなりの地位に就ける。孫呉では、張昭ら北来名士が降伏を主張し、降伏論が優勢となっていたが、主戦論を唱える魯粛は、周瑜の意見を聞くように求めた。そして方針決定のための会議が行われ、周瑜の主戦論が採用される。揚州における周氏の影響力は大きく、呉の主力軍を率いていたのも中護軍《ちゅうごぐん》の周瑜であった。

数十万の曹操軍に対して、周瑜と程普《ていふ》が指揮する孫呉軍はわずかに数万、この劣勢を覆す策をもたらしたのが黄蓋である。黄蓋は、曹操の水軍が密集していることに着目し、投降を装って曹操軍に入り込んで火を放てば、壊滅的なダメージを与えられると進言する。

物語では、この火攻めは周瑜と諸葛亮の発案ということになっているが、史実では黄蓋の策である。物語ではその功績を取り上げる代わりに、黄蓋が投降する際、司令官の周瑜をなじって罰せられることで投降の信憑性を上げる「苦肉《くにく》の計」という創作のエピソードを加えている。

建安十三（二〇八）年十二月、快速船十隻に枯れ草や柴を積み込んだ黄蓋は、東南の風に乗って曹操軍に近づき、兵士たちに「黄蓋が降伏する」と叫ばせた。黄蓋が周瑜に反発したという情報をつかんでいる曹操はだまされる。曹操軍まであと二里の距離まで近づいた黄蓋は、船に満載した枯れ草に火をかけた。激しい東南の風にあおられた船は、炎の塊となって曹操の船団に突っ込んでいく。炎は船を焼き尽くし、陸上の兵にも襲いかかる。そして黄蓋に続いて周瑜も精鋭部隊を率いて上陸する。

曹操は、烏林《うりん》から華容道沿いに江陵に向かって敗走した。このあたりは湿地帯である。曹操は、疲労の極にある兵士を激励し、竹や木を運んでぬかるみを埋め、何とか危機を逃れた。江陵に曹仁と徐晃《じょこう》を、襄陽に楽進《がくしん》を残した曹操は、許に帰還する。赤壁の戦いは、圧倒的な兵力差があったにもかかわらず、曹操の大敗に終わった。

なお、曹操は撤退の原因は疫病《えきびょう》であると言い張った（『三国志』武帝紀）。もちろんこれは負け惜しみであり、赤壁の敗戦で天下統一の計画が頓挫したことは間違いないところだ。

赤壁の戦いは、主戦論を説いた周瑜の主導で始まり、周瑜の指揮により勝利を収めた。まさしく周瑜が呉を守った戦いである。孫呉における周瑜の影響力は以前にも増して高まった。

また、周瑜は、将軍号しか持たない君主の孫権を軽視する者も多かったなかで、だれよりも孫権に敬意を払った。周瑜は君主以上の名声を持ちながら、孫権を支え続けた忠臣であった。

後漢の名門に生まれた周瑜の戦略は、天下統一を目指していた。自らが益州の劉璋を打倒し、馬超と結んで長安に進出する一方で、孫権が江東の軍を率いて攻め上

赤壁の戦い

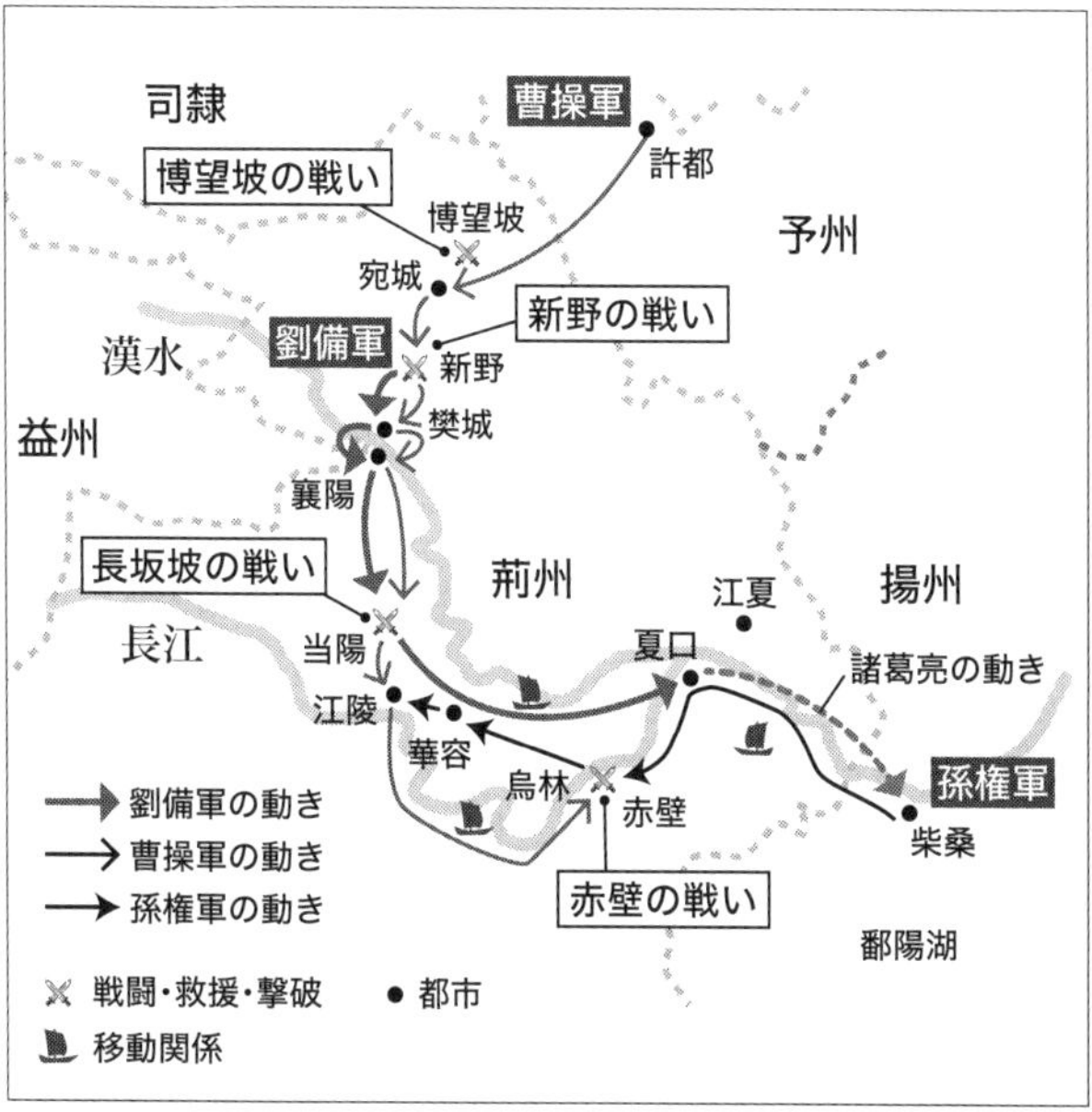

がり、曹操を挟み撃ちにする、という算段である。その実現を目指して益州侵攻の準備をしていた矢先、周瑜は後事を魯粛に委ねて病に没する。三十六年の生涯であった。

十万本の矢を調達した諸葛亮の智謀

毛宗崗本では、赤壁の戦いにおいて創作のエピソードが六つ挿入されている。「蔣幹《しょうかん》が周瑜の書を盗む」「連環の計」「十万本の矢を借りる」「東南の風を呼ぶ」、「苦肉の計」「義により曹操を見逃す」の六つである。

このうち最も有名なのは十万本の矢を借りる「草船借箭《そうせんしゃくせん》」だろう。中国の伝統演劇である京劇《きょうげき》などでも人気が高く、よく演じられる。

周瑜は、自分の計略をすべて見抜く諸葛亮を警戒し、難癖をつけて殺してしまおうと、十万本の矢を三日間で作ることを軍議で約束させる。諸葛亮は、三日目の夜、魯肅の船二十隻に、それぞれ藁《わら》の束と三十人の兵を載せて、長江の対岸に築かれた曹操の陣へと漕ぎ出していく。船が陣に近づくと、諸葛亮は船を一列に並べ、一斉に太鼓を鳴らして鬨の声をあげさせた。濃霧のため伏兵を警戒した曹操は、近づかずに遠距離から矢を雨のように射かける。一方、諸葛亮は、船を返してさらに敵陣に接近し、矢を射かけさせた。朝日が登るころには藁束にびっしりと矢が刺さっている。諸葛亮は兵たちに「丞相、矢をありがたく申し受ける」と叫ばせ、引き上げる。見事な手際に感嘆する魯粛に対して諸葛亮は、周瑜に私を殺すことはできないと言った。

「大将ともあろう者が、天文に通ぜず、地理を知らず、奇門《きもん》を知らず、陰陽《いんよう》の術をわきまえず、陣型の図を見分けられず、兵法の勢に明らかでないようでは、物の用にも立ちません。わたしは、三日前からすでに今日の霧を察知していたので、わざと三日と日限を切ったのです。公瑾《こうきん》殿（周瑜）は、わたしに十日の間に作るよう命じておいて、職人や材料を押さえ、これを口実に殺そうとされた。わたしの運命は天にかかっている。公瑾殿には命を取れますまい」。魯粛はただ感服するばかりであった。

（『毛宗崗批評三国志演義』第四十六回）

曹操が馬超を打ち破る「潼関の戦い」(二一一年)

赤壁で敗れた曹操は、関中の馬超、韓遂《かんすい》を攻め、威信の建て直しをはかる。これに対して、馬超は、韓遂と共に関中の東の関門である潼関《どうかん》に兵を進めた。曹操は、賈詡の策に従い、まず馬超と韓遂との仲を裂き、それから馬超を正面対決で撃破する。

馬超が率いる関中軍の主力は、後漢軍の主力「涼州兵《りょうしゅうへい》」の流れを汲む軽装騎兵だった。かつて羌族を撃破した後漢の名将段熲《だんけい》と同じように、馬超が軽装騎兵の機動力を生かして背後に回り込んでくると曹操としては非常に苦しい。そこで曹操は、わざと中央におとりの軽装歩兵を置いて、軽装騎兵をおびき寄せる。馬超の軽装騎兵はおとりを一蹴するが、その背後に陣取る三段の長矛《ちょうぼう》部隊を相手に苦戦する。そこで曹操軍の左右から親衛騎兵の「虎豹騎《こひょうき》」が飛び出し、馬超軍の背後に回って軽装騎兵を攻撃する。

虎豹騎とは、精鋭の中からさらに精鋭を選りすぐった曹操軍の最強部隊である。

潼関の戦い

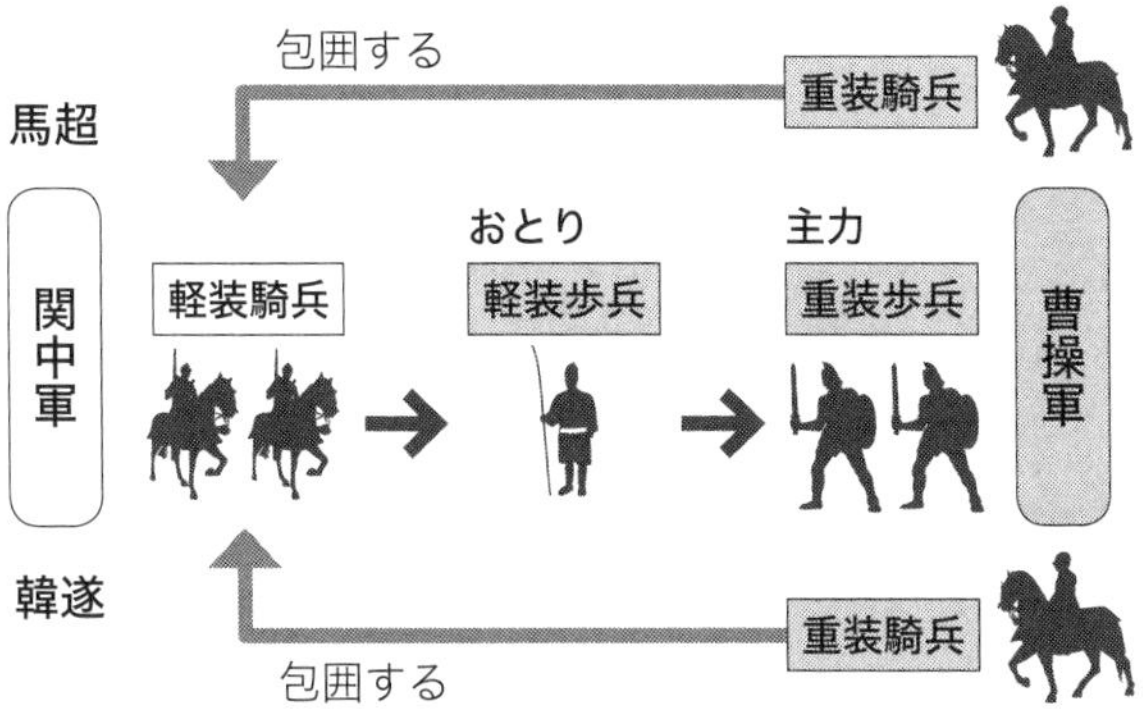

曹操は騎兵と歩兵を組みあわせて、関中の強力な騎兵を包囲し、撃破した。

虎豹騎の多くは、馬にも馬甲《ばこう》（馬よろい）や面簾《めんれん》（馬かぶと）を装備させた、「鉄騎」と呼ばれる重装騎兵であった。こういった甲騎具装は西アジアに起源を持ち、そこから遊牧民族を介して東アジアに伝わったと考えられる。そして、漢の強弩《きょうど》に対抗するため、匈奴などの遊牧民族が使用した。

馬超の軍隊は、歩兵と騎兵、さらには弩兵を効果的に組みあわせた段頴の戦法を継承していたが、曹操はその戦法に加えてさらに「最強の重装騎兵」という切り札を使って勝利を収めたのである。

張遼が獅子奮迅の活躍を見せる「合肥の戦い」（二一五年）

赤壁の戦いの後も、曹操は孫呉への侵攻を繰り返した。第一次・第二次の濡須口《じゅしゅ》の戦いである。そしてこの第一次と第二次の間に行われたのが、孫権が曹操を攻めた合肥《ごうひ》の戦いである。

建安二十（二一五）年、曹操が漢中に出征すると、孫権は十万の兵で合肥を攻撃した。合肥を守る兵は七千しかいなかったが、孫権の動きを予測していた曹操は、あらかじめ策を用意していた。それは「敵が来たら開けよ」と書かれた小箱に入れられており、護軍《ごぐん》で軍目付（戦場で味方の武将を監視する役）を務める薛悌《せってい》が箱を開けた。曹操の策は「孫権が攻めてきたら、張遼と李典《りてん》は出撃せよ。楽進は残って城を守れ。薛悌は戦ってはならぬ」というものだった。大軍を相手に諸将がためらうなか、張遼は、勇士八百人を募ると、陣頭に立って孫権陣営に攻め込んだ。予想外の反撃を喰らって孫権は大敗を喫し、戦いの状況を確認するために小高い丘へ退いた。

丘から俯瞰してみると、張遼の兵が驚くほど少数であることが分かる。孫権は兵を集めて張遼を幾重にも取り囲む。張遼は押し寄せてくる敵をすべて追い払ったが、まだ包囲されている味方がいた。張遼は、再び包囲網を突き破ってその兵士を助け、引き上げて合肥城の守備を固めた。張遼の活躍によって兵の士気は高まり、孫権が十日以上取り囲んでも、城は落ちなかった。

孫権は攻略をあきらめて退却するが、張遼はそれを狙っていた。張遼は退いていく孫権を逍遥津《しょうようしん》で襲撃した。逍遥津は、川の渡し場である。川を渡っている最中の敵を攻撃するのは、『孫子』にも記される兵法の基本のひとつで、極めて有効な戦法である。張遼は、押し合いへし合いする孫権軍に突っ込んで兵を斬りまくり、孫権の将軍旗を奪った。孫権も殺されかけるが、甘寧《かんねい》、呂蒙の奮闘と、凌統《りょうとう》の決死の突入によってなんとか逃れることができた。しかし凌統は深傷を負い、凌統の部下はみな討ち死にした。

合肥の戦い以後、孫権は張遼を恐れ、「張遼とは戦うな」と諸将に念を押した。このとき張遼が呉に与えた衝撃は、毛宗崗本の「遼来《りょうらい》、遼来（張遼が来た）」と言うと、呉では恐くて子供が泣き止んだ、という記述にも表れている。

馬謖が致命的なミスを犯した「街亭の戦い」(二二八年)

曹操と劉備が死去したのち、諸葛亮は蜀漢を率いて曹魏への北伐を繰り返した。その中で最も勝利に近かった第一次北伐は、馬謖の命令違反によって街亭の戦いに負け、諸葛亮は泣いて馬謖を斬ることになる。

建興五(二二七)年、諸葛亮は劉禅に「出師表」を奉り、兵五万を率いて漢中に駐屯した。本陣を置いた漢中と曹魏の支配する関中平原との間には、三〇〇〇メートルを超える秦嶺《しんれい》山脈が連なっている。山間を抜けて関中に達するルートは、子午《しご》道《どう》、駱谷道《らくこくどう》、褒斜道《ほうやどう》、故道《こどう》、関山道《かんざんどう》の五つである。

子午道は漢中と長安を結ぶ最短ルートで、その西に並行して駱谷道がある。褒斜道は褒水《ほうすい》に沿って北に向かい郿《び》へと到る道であり、褒斜道が関中平原に抜ける所に五丈原がある。故道は、散関《さんかん》を経て関中西辺の要衝である陳倉へ通じており、関山道はさらに西方の天水郡に抜ける比較的平坦な道である。そして関山道は、桟道が少なく大軍を動かす際に最も安全なルートで、諸葛亮はこの関山道を通って天水郡の攻略に向かう。また、趙雲と鄧芝には、褒斜道から郿を狙う陽動作戦を行わせた。

そして曹真が主力を郿に集めている隙をついて諸葛亮は天水郡を占領し、南安、安定郡も手に入れて、涼州分断に成功した。

曹魏の明帝《めいてい》は、長安に出陣すると共に、孫呉戦線にいた張郃を呼んで涼州へ救援に向かわせる。

諸葛亮側としては、本軍が西に向かって涼州を陥落させるまで張郃を食い止めることができれば張郃を全軍で迎え撃てるが、涼州が陥落する前に張郃がくると、涼州と張郃に挟み打ちにされるため勝ち目がない。諸葛亮は、街亭で張郃を食い止めることにして、その任務を愛弟子である馬謖に任せた。

そして馬謖は、天水郡東北の街亭で張郃を迎え討つ。街道を守れば少数の兵でも大軍を防げる。諸葛亮からも山上に陣取るなと言われていたが、馬謖は山上に陣取った。大勝を求めた奇策である。

第一次北伐

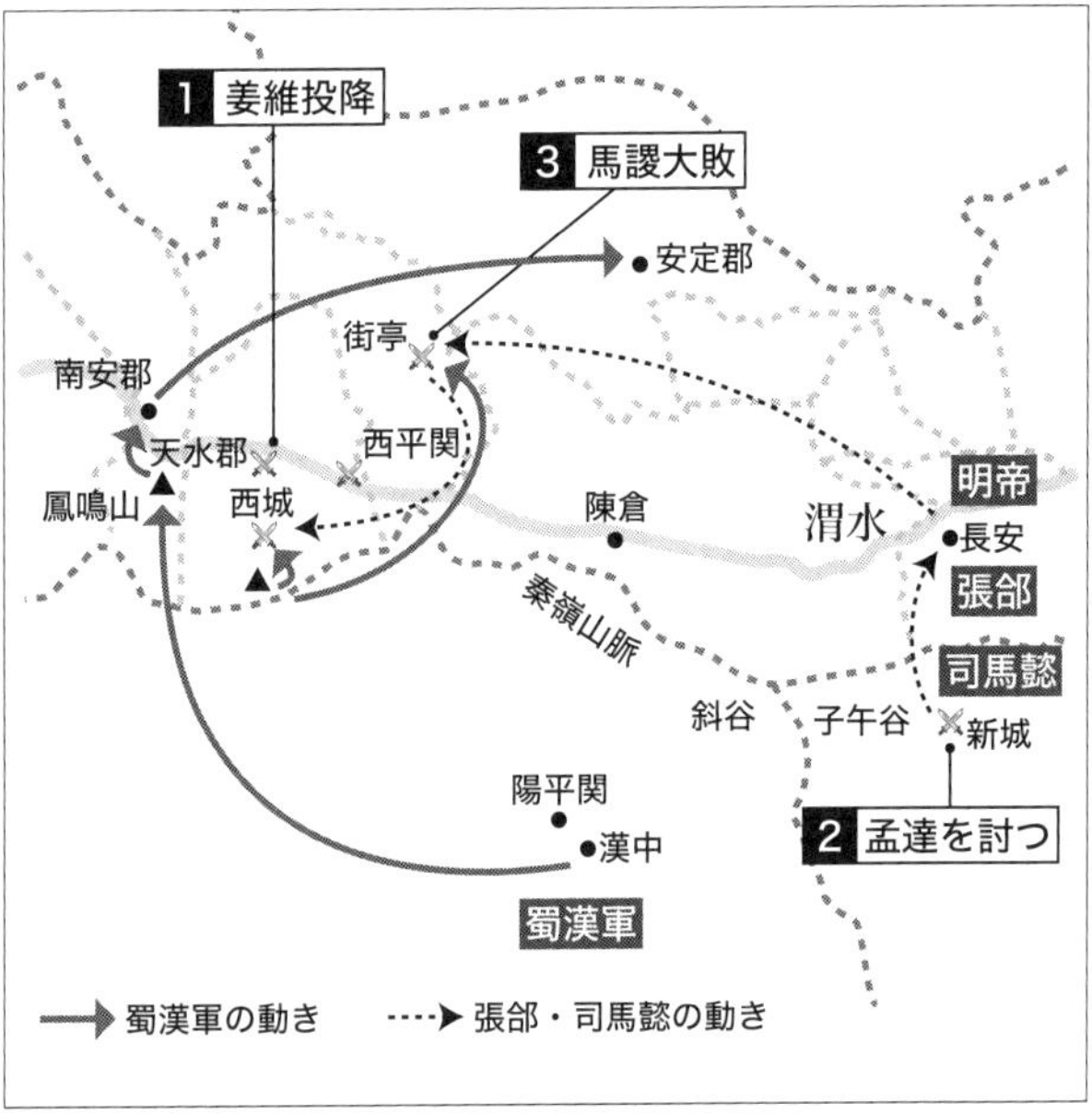

諸葛亮の後継者にふさわしい実力の持ち主であると周囲に認めさせるためには、ただ命令通りに動くだけでは足りない。馬謖は、諸葛亮の思惑を超える戦果を上げようと焦ったのである。副将の王平から、諸葛亮の指示通り街道に陣を布くよう何度も進言されたが、馬謖は聞かなかった。

街亭に到着した張郃は、山上の馬謖軍を見て、水の供給を断つ。水を断たれて軍の士気が下がったところに張郃の攻撃を受け、馬謖は大敗する。しかし、王平の軍が軍鼓を打ち鳴らして整然と踏みとどまったので、張郃は伏兵を警戒して追撃しなかった。

こうして第一次北伐は失敗した。諸葛亮は軍をまとめて漢中に戻り、涙を振るって馬謖を斬った。また、自らも位を下げて敗戦の責任を取った。

馬謖を処分した諸葛亮の敗戦処理

諸葛亮の北伐は緒戦でつまずき、結局、最後まで巻き返すことはできなかった。敗戦の最も大きな原因は、諸葛亮による馬謖の抜擢にある。劉備は臨終の際、諸葛亮に「馬謖はいつも実力以上のことを口にしている。重く用いることはできない。君もその点を十分に考えるとよい」と忠告していた。周囲の者も、街亭の戦いでは魏延か呉懿《ごい》が任命されると思っていたという。

しかし諸葛亮は馬謖を選んだ。馬謖の兄で「白眉」と称えられた馬良は夷陵の戦いで死去し、龐統も入蜀の際に戦死、徐庶は曹魏に仕えており、かつて荊州襄陽で諸葛亮と勉学に励んだ旧友は、ほとんどいなくなっていた。長期戦が予想される曹魏との戦いにおいて、四十八歳の諸葛亮は自分の後継者と成り得る若い才能に賭けたのである。

そして諸葛亮は、大敗を招いた馬謖を斬らざるをえなかった。荊州名士の馬謖の失敗を諸葛亮が庇《かば》えば、益州の支持を基盤とする蜀漢政権は瓦解《がかい》する。蜀漢は、曹魏、孫呉よりも成立が遅く、領土は益州一州だけである。益州の人々が諸葛亮の為政に疑問を持てば、すぐにでも滅亡するだろう。諸葛亮の敗戦処理は、すべて蜀漢存続のために不可欠なことだったのである。

諸葛亮が陣没する「五丈原の戦い」（二三四年）

建興十二（二三四）年、諸葛亮は孫呉に使者を派遣して挙兵を促すとともに、四月には十万の兵を率いて褒斜道《ほうやどう》から五丈原へ向かった。諸葛亮はそれまでの北伐で兵糧不足に苦しんだ経験から、木牛、流馬を運搬に用いるほか、斜谷《やこく》水の河辺に土地を開墾し、付近の農民とともに屯田を行って兵糧確保に力を入れた。

五丈原の蜀漢軍に対して、曹魏軍を率いる司馬懿は、国城《こくじょう》から渭水《いすい》の南岸に渡り、土塁を築いて本陣を設けた。いわゆる背水《はいすい》の陣である。慎重な性格の司馬懿があえて渭水を渡ったのは、南岸の食糧貯蔵庫を守るためと、全軍の士気を上げるためである。

諸葛亮は、渭水を渡り北岸に出て、長安に東進したかったが、自ら指揮をとれない別動隊では、郭淮《かくわい》に守られた北岸に渡ることはできなかった。

本来、丞相である諸葛亮はあくまで国家全体の責任者であり、軍を率いる必要はない。しかし諸葛亮はそれが当然であるかのように自ら軍の指揮をとった。ある時、諸葛亮のあまりの激務ぶりを見かねた部下が「すべての仕事を気にかけることはお止め下さい」と進言したことがある。諸葛亮はその気遣いを喜び、感謝したのだが、結局体を休めることはなく、あらゆる仕事をこなし続けた。

諸葛亮死後の蜀漢の衰退具合を見ても、多岐にわたる彼の才能と努力がいかに大

五丈原の戦い

きかったのかがうかがえる。国家経営に強い責任感を持って、誠実に仕事を続けてきた諸葛亮は、最後の気力を振り絞り、自ら軍を率いて司馬懿に決戦を挑む。

五月、諸葛亮の頼みの綱であった孫呉軍は、曹魏の明帝に撃退された。焦る諸葛亮に対し、司馬懿は持久戦をしいて動かない。諸葛亮は婦人の頭巾と着物を贈りつけ、戦う勇気の無さを辱めて挑発するが、勝利への道筋が見えている司馬懿は乗ってこない。

そして八月、病魔に侵された諸葛亮は、自陣に落ちてくる星を自分の将星《しょうせい》（守り星）であると指差し、巨星が落ちるとともに陣没した。享年五十四歳であった。

死せる諸葛、生ける仲達を走らす

蜀漢軍は、諸葛亮の死を周囲にもらさず、静かに漢中に引き上げていった。急な陣払いに異変を感じた付近の住民は、曹魏の陣中を訪れてその様子を語る。当然、司馬懿はすぐに追撃を仕掛ける。ところが、諸葛亮の生前の指示に基づき、楊儀《ようぎ》が軍旗を翻《ひるがえ》し、太鼓を鳴らして曹魏軍を迎え撃つ。面食らった司馬懿は引き返し、楊儀は漢中へと退却した。

数日後、司馬懿は諸葛亮の残していった陣跡に赴いて布陣を確認し、諸葛亮の才能にあらためて驚いた。「諸葛亮こそは天下の奇才である」。これが司馬懿の諸葛亮に対する評価である。

また、付近の住民は、司馬懿が伏兵を警戒して軍を退却させたことを、「死せる諸葛、生ける仲達（司馬懿の字、葛と達で韻を踏む）を走らす」と言い囃《はや》したという。

諸葛亮の遺骸《なきがら》は、遺言にしたがって定軍山に葬られた。生前の暮らしも慎ましやかであった諸葛亮は、墓所も塚もいらないと言った。家にも、余分な財産は残されていなかったという。

西晉の建国者である司馬炎は、陳寿が諸葛亮の遺文をまとめた『諸葛氏集』を高く評価している。司馬炎の祖父である司馬懿の功績を大きく見せるために諸葛亮を高く評価したという事情もあるだろうが、諸葛亮はその評価にふさわしい能力を間違いなく備えていた。

なお、武帝（司馬炎）の父である司馬昭もまた、蜀漢を滅ぼした後に人を派遣して、諸葛亮が残した陣形や軍隊の運用方法を学ばせている。このような諸葛亮の能力の高さが、曹魏の正統を受け継ぐ西晉において、旧蜀漢臣下の陳寿が『三国志』を執筆できた理由のひとつである。

第五章

なぜ三国志は日本で人気になったのか

江戸の庶民に「三国志」を伝えた『通俗三国志』

日本において、三国志に関する記述は平安時代の空海の文章にも見られ、その内容は陳寿の『三国志』に基づいたものである。室町時代になると、禅の僧侶たちの詩や記録に、関羽や諸葛亮の故事が出てくるようになる。物語としての三国志はそのころから日本に入ってきていた。

しかし、三国志物語が一般に広まるのは、江戸時代の湖南文山の『通俗三国志』まで待たねばならなかった。湖南文山とは、のちに項羽《こうう》と劉邦《りゅうほう》の物語を『重刻西漢《じゅうこくせいかん》通俗演義《つうぞくえんぎ》』から『通俗漢楚軍談《かんそぐんだん》』として翻訳する夢梅軒章峯《むばいけんしょうほう》のことである。弟の称《しょう》好軒徽菴《こうけんきあん》と共に『通俗三国志』を訳したとする説もあるが、長尾直茂《ながおなおしげ》によれば、弟が訳したのは『通俗漢楚軍談』のほうである。

『三国志演義』の完訳は、順治《じゅんち》七（一六五〇）年の序を持つ満州語版が世界初である。『通俗三国志』はそれに次ぐ二番目の完訳で、元禄《げんろく》四（一六九一）年九月に、京都の栗山伊右衛門《くりやまいえもん》によって刊行された。『通俗三国志』訳出の底本は、文豪の幸《こう》田露伴《だろはん》によって李卓吾本であることが明らかにされている。

湖南文山の訳は、正確な逐語訳にはなっておらず、とくに俗語は誤りが散見される。それでも翻訳が可能だったのは、禅に関する書籍の読解に心得があったからである。また、訳語が一定ではないことから、湖南文山を中心に複数人で翻訳にあたった可能性も指摘されている。湖南文山が目指したのは、文学書の正確な翻訳ではなく、大衆の興味を引きつけるような歴史書の著述だった。

なお、中国で『三国志演義』の決定版となっている毛宗崗本は、久保天随《くぼてんずい》（得二《とくじ》）により、明治四十五（一九一二）年に、『新譯演義三國志』として完訳された。久保はその本の中で、李卓吾本と毛宗崗本を比べ、李卓吾本のほうが原本に近いかもしれないが、文章としては整理された毛宗崗本がよいと指摘している。

湖南文山の『通俗三国志』によって『三国志演義』は広く知られるようになり、漢詩文に見られる「三国志」の典拠が、史書から物語へと変わった。絵画の関羽像も、黄檗宗《おうばくしゅう》（江戸時代に隠元《いんげん》が伝えた禅宗）の伝承をもとにした姿から、『三国志演義』が描く関羽像へと変わっていく。また、現在、小説やゲームなどのメディアでよく見る羽扇綸巾《うせんりんきん》の諸葛亮像が広まったのも、諸葛亮を詠んだ『三国志演義』の漢詩文の影響である。

思想面では、伊藤仁斎《いとうじんさい》・東涯《とうがい》父子が、諸葛亮の「忠誠」「信義」という道徳的な側面を評価したことも押さえておきたい。この見方は、やがて忠臣として諸葛亮と楠木正成とを並称する評価へつながっていく。

曲亭馬琴が見抜いた典拠

曲亭馬琴《きょくていばきん》（滝沢馬琴）は、文化《ぶんか》十一（一八一四）年から天保《てんぽう》十三（一八四二）年に著した『南総里見八犬伝《なんそうさとみはっけんでん》』の中に、自らの「三国志」研究の成果を組み込んでいる。その中で最も独創性の高いものは、諸葛亮が十万本の矢を集める「草船借箭」の考察である。それまで、このエピソードは次のような孫権の逸話が元になっていると考えられていた。

孫権が大きな船に乗って軍状偵察に来ると、曹公は、弓と弩《ど》をめったやたらに射かけさせた。矢が船に突き刺さり、船は片方だけが重くなって、ひっくり返りそうになった。孫権はそこで、船を巡《めぐ》らせ、もう片方の面にも矢を受けた。刺さった矢が平均して船が安定すると、自軍へ引き上げた。

（『三国志』呉主伝注引『魏略《ぎりゃく》』）

たしかに、船で矢を受けるというプロットは共通している。ただし、ここでは矢を藁で受けていないので、抜いて再使用することはできない。

これに対して馬琴は『南総里見八犬伝』の中で、もう一つの典拠があると犬川荘介に語らせている。それは唐代の正史『新唐書《しんとうじょ》』の張巡《ちょうじゅん》伝に出てくる次のような話で、敵に城を包囲された張巡が、黒い服を着せた藁人形を千体、夜に城壁から降ろすと、敵が無数の矢を打ち込んだ。張巡は、藁人形を引き上げて十万本余りの矢を得た。次に、藁人形と同じ格好の人間を降ろすと、今度は射られなかったので、敵の陣営に斬り込むことができた、というものである。

こちらは藁人形を使って矢を十万本得ており、孫権の逸話よりも『三国志演義』に近い。より近い話を『三国志』以外、それも一般的に親しまれているわけではない史書から探してくるところに、馬琴の能力もさることながら、江戸時代の漢学の水準の高さが感じられる。

このほか馬琴は、赤壁の戦いでの火攻めを踏まえた話も描いている。赤壁では曹操は特に何もなせずに火攻めをされるだけだが、『南総里見八犬伝』では、敵の火攻めに対抗して、西北風を東南風に変え、さらには敵を欺《あざむ》いて逆に火攻めを仕掛ける。そこでは読者が『三国志演義』を知っていることが前提になっており、当時の日本で『三国志演義』が広く普及していたことが分かる。馬琴は「三国志」の物語をオマージュし、その妙味を味わわせようとしているのである。

国学・蘭学が大成された化政《かせい》文化（文化・文政《ぶんせい》時代、一八〇四〜一八三〇年）は、江戸の町人文化の全盛期で、漢学についてもよく学ばれていた。そうした漢学の水準を背景に、『三国志演義』は深く、そして広く受け入れられていくのである。

北斎の弟子が挿絵を描いた『絵本通俗三国志』

曲亭馬琴が『南総里見八犬伝』で『三国志演義』の故事をオマージュしたのは、読者が『三国志演義』を知っていたからだが、読者は何によって『三国志演義』を知ったのだろうか。結論からいうと、当時の『三国志演義』の普及は、天保七（一八三六）年から十二（一八四一）年にかけて刊行された『絵本通俗三国志』（八編七十五冊）によるところが大きい。

この本には、戴斗二世《たいとにせい》が描いた四百を超えるオリジナルの挿絵《さしえ》が入っている。戴斗二世は葛飾北斎《かつしかほくさい》の弟子で、本名は近藤文雄《こんどうふみお》、俗称を伴右衛門《ばんうえもん》という。画姓は葛飾、戴斗という画号は師の北斎が十年近く用いた号で、これを文政二（一八一九）年に譲り受けた。中国書への挿絵であるにもかかわらず、日本らしい画風で描かれているのが特徴的である。

江戸時代の日本において、この本によって『三国志演義』が広く普及したことは、同時期に「三国志」が歌舞伎に取り入れられていることからも分かる。

歌舞伎と三国志の深い関係

本来的に神事である「能」には三国志を起源とする物語は見当たらないが、歌舞伎では、「歌舞伎十八番」の中に三国志に関する演目が含まれる。同時期の中国で関聖帝君《かんせいていくん》という神として祀られていた関羽の演目である。歌舞伎十八番は、七代目市川團十郎《だんじゅうろう》が天保三（一八三二）年に定めたもので、その中に「関羽」という演目が入っている。

歌舞伎の「関羽」の初演が行われたのは元文《げんぶん》二（一七三七）年十一月のことで、江戸河原崎座《かわらさき》『閏月仁景清《うるうづきにんかげきよ》』の大詰めで演じられた。初代團蔵《だんぞう》演じる悪七兵衛景清《あくしちびょうえかげきよ》が、張飛の扮装《ふんそう》で三河守範頼《みかわのかみのりより》の館へ忍び込むと、海老蔵《えびぞう》演じる畠山重忠《はたけやましげただ》が髭を蓄えた関羽の姿で、青龍刀を携え、白馬に乗って登場し、景清を迎え討つという内容だった。

関羽は、現在も日本各地の山車《だし》に描かれているように、江戸時代から日本人になじみが深い。歌舞伎に関羽の演目があるのは、関羽の「義の武神」というキャラクターが、誇張表現を多用する歌舞伎の表現技法とマッチするからだろう。

曹操を英雄として描いた吉川『三国志』

「三国志」は、江戸時代の化政文化を背景に広く普及したが、現代日本における「三国志」の基盤を作ったのは、昭和十四（一九三九）年から新聞小説として連載された、吉川英治の『三国志』である。

『三国志演義』の完成版である毛宗崗本は、「奸絶」曹操、「智絶」諸葛亮、「義絶」関羽という「三絶」の中で、清《しん》の皇帝に崇拝されていた関羽を曹操や諸葛亮よりも重視して描いている。

これに対して吉川英治は、関羽を張飛と同列にし、曹操と諸葛亮の二人を主役にした。特に、曹操を単なる悪役としてではなく、時代を切り開く英雄として描いているのは大きな特徴だ。「奸絶」として曹操を悪辣《あくらつ》に描く毛宗崗本とは異なる見方で、曹操の革新性を高く評価したのである。

吉川は、その理由を『三国志』の「篇外余録《へんがいよろく》」に、次のように述べている。

劇的には、劉備・張飛・関羽の桃園義盟《とうえんぎめい》を以て、三国志の序幕はひらかれたものと見られるが、真の三国志的意義と興味とは、何といっても、曹操の出現からであり、曹操がその主動的役割をもっている。しかしこの曹操の全盛期をその分水嶺《ぶんすいれい》として、ひとたび紙中に孔明が現れると、彼の存在もたちまちにして、その主役的王座を、ふいに襄陽郊外から出て来たこの布衣の一青年に譲らざるを得なくなっている。

ひと口にいえば、三国志は曹操に始まって孔明に終る二大英雄の成敗争奪の跡を叙《じょ》したものというもさしつかえない。この二人を文芸的に見るならば、曹操は詩人であり、孔明は文豪といえると思う。

吉川英治が、曹操を「詩人」とするのは、曹操が建安文学を政治的に宣揚した文学者であることだけではなく、曹操が『三国志』の主役であることを示している。

吉川は「三国志には詩がある」と言う。その詩を紡ぐ英雄が曹操なのである。

横山『三国志』は「武将たちの戦争絵巻」

「三国志」を曹操と諸葛亮という二大英雄の物語として描く吉川英治の見方を継承し、世の中にさらに広めたのが、横山光輝の『三国志』である。横山光輝は、昭和四十六（一九七一）年に、漫画『三国志』の連載を開始した。もともとは学校の図書館で吉川英治の『三国志』を読んだのが「三国志」に興味を持つきっかけだったという。

横山光輝が目指したのは「武将たちの戦争絵巻」としての「三国志」である。横山『三国志』は、黄河を眺めている劉備の描写から始まる。劉備は、洛陽船を待っていた。日本で京都のことを「洛」と呼ぶように、後漢の首都洛陽は「古典中国」の絶対的な中心地であった。その洛陽から運ばれてくる貴重品のお茶を母に買うために、劉備は船を待っているのである。

陳寿の『三国志』には、お茶を飲む記述はないが、三国を統一した西晋に仕える張載《ちょうさい》が、お茶を称える詩を書いており、後漢末に洛陽の高官がお茶を嗜《たしな》んでいた可能性はある。

また、「三国志」に劉備の母が出てくるのは、日本の吉川英治の『三国志』とそれを承けた横山『三国志』だけだ。つまり劉備の母の話は、吉川英治の創作である。しかし、『三国志演義』を翻訳した中国文学者の立間祥介《たつましょうすけ》は、「おまえの『三国志』は正しくない。劉備の母が出てこないではないか」とよく言われたという。日本では『三国志』といえば、吉川『三国志』あるいは横山『三国志』なのである。

宦官が出てこない横山『三国志』

横山『三国志』は、吉川『三国志』を元にしているが、独自の解釈も加えられている。たとえば、『三国志演義』あるいは『三国志』や『後漢書』では、後漢を蝕《むしば》むものとして宦官が大きな存在感を放っているが、横山『三国志』には宦官が登場しない。これは横山『三国志』の大きな特徴の一つである。

宦官を描かなかった理由としては、単行本二十巻までは児童向け雑誌である『希望の友』で発表されたため、エロ・グロの表現を控えたというのが大きいだろう。あるいは、横山『三国志』が目指した「武将たちの戦争絵巻」の主役である曹操を宦官の出身にしたくなかったのかもしれない。

また、呂布と貂蝉の描写にも、横山『三国志』の独自性を見ることができる。横山が種本とした吉川『三国志』では、「美女連環の計」を成し遂げた貂蝉が自《じ》刃《じん》する。その理由は、「獣王の犠牲」になった肉体を「彼女自身のもの」にするため、とされている。乱暴にいえば、貞節を守れなかったので自殺したわけである。

李卓吾本でも毛宗崗本でも『通俗三国志』でも、貂蝉は、「美女連環の計」の後、呂布の妾となり、下邳《かひ》城で呂布が曹操に敗れると許都に送られて、それ以降、姿を現さない。吉川『三国志』で描かれる貂蝉の自殺は、厳格に貞節を守ることを求めた戦時中の日本の価値観が強く反映された結果だといえよう。

また、吉川『三国志』では、自殺した貂蝉を諦《あきら》めきれない呂布が、貂蝉に似た女性を「貂蝉」と名付けて寵愛する、というエピソードが付け加えられている。しかも、下邳城で包囲された呂布は陳宮《ちんきゅう》や高順《こうじゅん》を信頼せず、「日夜酒宴に溺《おぼ》れて、帳《とばり》にかくれれば貂蝉と戯《たわむ》れ、家庭にあれば厳《げん》氏や娘に守られて」いた。そうしているうちに呂布は曹操の捕虜にされてしまう。ここにも、女性に未練がましい男はダメ、という戦時中の日本における男性観が表れている。愛欲に溺れて破滅する人間の典型として、女々《めめ》しい呂布が描かれたのである。

横山『三国志』も、貂蝉が自刃する場面を吉川『三国志』から継承している。ただし、横山『三国志』の貂蝉の死顔は安らかである。その表情からは、貞節を守れなかったという後悔は感じられない。王允に報いる命がけの計が成功し、目的を果たした女性の表情である。横山光輝は、自刃した貂蝉の表情によって彼女の凛《りん》とした生き様を描いたのである。

一方で、横山『三国志』は、吉川『三国志』の偽の貂蝉に溺れる呂布のエピソードは継承しなかった。三国一の武勇を誇る呂布が女々しいと、「武将たちの戦争絵巻」としては都合が悪いからだろう。

横山『三国志』では、貂蝉の凛々《りり》しさと呂布の武勇は最後まで貫き通される。日本において、三国一の美女である貂蝉、三国一の武勇を誇る呂布の人気が高い理由である。

あらゆる形で親しまれている三国志

吉川『三国志』以降、三国志はさまざまな形で多くの人々に受け入れられてきた。たとえば人形劇などもその一つである。

昭和五十七（一九八二）年からＮＨＫテレビで放映された「人形劇・三国志」は、立間祥介（訳）『三国志演義』をモチーフに三国の興亡を描いた作品である。作中で使われた美しい人形は、人形美術家である川本喜八郎《かわもときはちろう》が手掛けた。川本喜八郎もまた、最初に吉川英治の『三国志』を読んでいる。川本が『三国志』で一番好きな登場人物は曹操だという。「演義では曹操は悪人ですが、吉川英治先生の作品の中では、決して悪人としては描かれていません。それどころか、とても魅力的な人物として登場しています。吉川先生のおかげで、曹操もずいぶん復権したのではないでしょうか」と川本は言う（『よみがえる三国志伝説』宝島編集部、一九九九年）。

川本の作った人形は、飯田市川本喜八郎人形美術館のほか、彼の出身地である渋谷の商業施設ヒカリエでも展示されている。

第六章

中国での三国志演義の人気・影響

蜀漢を正統とする毛宗崗本の正閏論

吉川英治の『三国志』は、李卓吾本を底本としている『通俗三国志』がもとになっている。そのため日本の「三国志」は、物語のベースが李卓吾本である。しかし、中国では毛宗崗本が『三国志演義』人気の土台になっている。

では、中国における毛宗崗本の人気の理由は何だろうか。毛宗崗本には、読み方を説明する「読三国志法《どくさんごくしのほう》」というパートがあり、毛宗崗本の重視する「正閏論《せいじゅんろん》」が次のように示されている。

「三国志」を読む者は、正統《せいとう》・閏運《じゅんうん》・僭国《せんこく》の別を知らなければならない。正統とは何か。蜀漢がこれである。僭国とは何か。孫呉と曹魏がこれである。閏運とは何か。西晋がこれである。曹魏が正統とされないのはなぜか。地で論ずればば中原が主であり（曹魏が正統となるが）、理で論ずれば劉氏が主であり、地は理には及ばない。それゆえに曹魏を正統とするもの、すなわち司馬光《しばこう》の『資治通鑑』は誤りである。蜀漢を正統とするもの、すなわち朱子の『資治通鑑綱目』が正しいのである。

正閏論とは、中国に複数の国家が存在する場合に、どの国家が正統であるかを論ずるものであり、この正閏論が毛宗崗本の人気の一因である。

北宋の欧陽脩《おうようしゅう》は「正統論」において、正統とは天下の「正」を得て、天下を「統」一しているものであると定義した。そして、周・秦・漢（蜀漢を含む）・西晉・隋・唐を正統とし、東晉・北魏《ほくぎ》・五代《ごだい》に加え、当初は正統に含めていた曹魏も正統に疑義があるとした。

しかし、同じく北宋の司馬光は、編年体《へんねんたい》の歴史書である『資治通鑑』において、「正閏」については留保しながらも、曹魏の年号により歴史を記しており、その理由を、劉備が祖先と主張する中山靖王劉勝（前漢景帝《けいてい》の子）からの系譜を辿《たど》れないためとした。

これに対して南宋の朱子は、『資治通鑑綱目』において、周・秦・漢（蜀漢を含む）・晉（東晉を含む）・隋・唐を正統とした。「読三国志法」は、蜀漢を正統とする朱子の『資治通鑑綱目』が正しいとしながらも、西晉を閏運（国家の存在は認めるが、正統ではない国家）とする点に、独自の歴史観を持つ。「読三国志法」は、その理由を次のように説明している。

劉氏（蜀漢）が滅ぶにおよび、西晉が三国を統一したが、西晉もまた正統と成し得ないのはなぜか。西晉は、臣下（司馬氏）が君主（曹氏）を弑殺《しいさつ》した点において魏と違いがなく、また、統一のあとも、国家の寿命が長くないので、ただ閏運と言うべきで、正統とは言えないのである。

このように毛宗崗本は、皇帝の曹髦《そうぼう》を殺して権力を奪った司馬昭を、曹魏と同じだと批判する。中国の南半分しか支配できなかった南宋に生きた朱子は、東晉を正統とするために晉を正統とした。しかし中国全土を支配する清に生きた毛宗崗は晉に厳しく、統一期間の短さを理由に、正統とは認めないのである。

中華人民共和国は現在でも、非漢民族の居住地域をも含めた統一を尊重し、中華民国（台湾）に対する正統を主張している。『三国志演義』とともに「四大奇書《よんだいきしょ》」と呼ばれる『西遊記』『水滸伝』『金瓶梅《きんぺいばい》』（あるいは『紅楼夢《こうろうむ》』）では、これほど明確な正閏論は述べられない。この正閏論が評価され、毛宗崗本の人気につながっているのである。

架空の人物なのに中国四大美女に入っている貂蝉

中国四大美人は、西施《せいし》、王昭君《おうしょうくん》、楊貴妃《ようきひ》、貂蝉であるが、この中で貂蝉だけが架空の人物である。貂蝉が中国四大美女に数えられるのは、漢への忠と王允への孝を尽くした心根が美しいと評価されたからだろう。

『三国志演義』の貂蝉は、現存最古の『三国志通俗演義』をもとに、王允の家の「歌伎《かぎ》」（歌舞を奉仕する女性）という身分になっている。李卓吾本も毛宗崗本も、その設定に倣っている。しかし、三国を物語る雑劇や語り物には、明清時代に神として信仰されていた関羽が、貂蟬を斬る場面が描かれているものがある。それらの作品では貂蟬は呂布の妻という設定になっている。

毛宗崗本の評（本の見どころを説明する言葉や合いの手）では、貂蟬の忠と孝が評価される一方、このような貂蟬が斬られる話は厳しく批判されている。仙石知子《せんごくともこ》によれば、これは女性の貞節と親への孝、漢への忠の重さに関する社会通念を背景とする。

中国近世では、女性の貞節が強く求められたが、それは身分によって差があった。最も強く求められるのは妻の貞節である。だからこそ呂布の妻である貂蟬は関羽に斬られるわけである。これに対して、妾の貞節は妻ほど重要度が高くなく、歌伎や妓女《ぎじょ》などはさらに低い。そして、親に対する孝は貞節よりも大切とされる。

つまり、歌伎である貂蟬が董卓や呂布と関係を持っても、漢や王允のためであれば問題ないのである。

山西商人の守り神になった関羽

毛宗崗本が、関羽が貂蝉を斬る話を批判するのは、当時すでに神となっていた関羽が女性を斬るのは好ましくないという理由もある。『三国志演義』が普及した明清時代には、神となった関羽（関聖帝君）を信仰する関帝信仰の大きな盛り上がりがあった。

関羽は、最初は仏教の守護神として祭られた。唐代に、関羽終焉の地に近い天台《てんだい》宗《しゅう》の玉泉寺《ぎょくせんじ》に、仏を守るための伽藍神《がらんしん》として祭られたのである。また、一時的ではあるが、武成王廟《ぶせいおうびょう》（太公望呂尚《りょしょう》を祭る武廟）の従祀《じゅうし》（主神に付き従う神）となる古今の名将六十四人のうちの一人として、国家祭祀を受けたこともあった。

宋代になると、皇帝が国家の守護を願い、関羽に称号を授ける。北宋最後の徽宗《きそう》は、関羽に忠恵公《ちゅうけいこう》、武安王《ぶあんおう》、義勇《ぎゆう》武安王の称号を与え、南宋を建国した高宗《こうそう》も壮繆《そうぼく》義勇王という称号を授与している。ただし、諸葛亮も威烈霊仁済王《いれつれいじんさいおう》という称号を受けており、関羽だけが特別というわけではない。

関羽信仰が本格化するのは、山西《さんせい》商人の活躍によるところが大きい。関羽の出身地である河東郡の解県は、解池《かいち》と呼ばれるソルトレークの近くにあり、解塩《かいえん》を扱う山西商人が発展する源となった。元代には、「関雲長 大いに蚩尤《しゆう》を破る」という元《げん》曲《きょく》（元の戯曲）があり、塩の生産を邪魔する蚩尤神を関羽が破る劇が上演されていた。こうして関羽は、山西商人の守護神としての役割を担うようになる。

明清時代になると、山西商人は大発展を遂げ、塩業に加えて、軍への兵糧の納入、国家から貸与された資金の運用などで、莫大な利益を上げるようになった。塩商は、清の前半期には、国家財政の半分に匹敵するほどの富を蓄えていたとも言われる。

こうした中、関羽は財神として、さらには国家の守護神である武神、儒教神として信仰を集めていく。明の成祖永楽帝《せいそえいらくてい》は、本雅失里《ベンヤシリ》（タタール族）を討った時に、関羽が白馬に乗って先導してくれたと感謝し、白馬廟で関羽の威徳を追慕して、毎年、官祭を執行した。また、清の順治帝《じゅんちてい》は関羽に「忠義神武関聖大帝《ちゅうぎしんぶかんせいたいてい》」の称号を授与し、雍正帝《ようせいてい》は、山西省の解州《かいしゅう》（生誕地）と河南省の洛陽（首の埋葬地）に住む関羽の子孫に、五経博士《ごきょうはくし》の位を与えた。これによって関羽の儒教神としての性格が確立する。また雍正帝は、孔子の「文廟《ぶんびょう》」と並立させるように、関帝廟に「武廟《ぶびょう》」という呼称を与えた。

そして、アヘン戦争の頃の皇帝である道光帝《どうこう》が、孔子と同じように関羽を「夫子《ふうし》」と呼ぶように命じ、関羽は孔子と並ぶ武の最高神となった。

ここには、中華ビジネスの特徴ともいえる商人と国家の癒着、そしてその象徴としての関帝の姿を見ることができる。清の中国支配と発展には、山西商人による援助が大きく影響していた。山西商人もまた、清の武力と財力によって恩恵を享受した。清が、山西商人の守護神であった関聖帝君を儒教的武神として孔子と並べ尊重したのは、山西商人との結合を示す何よりの証《あかし》である。そして、両者の結合のもと、関帝信仰を広げたメディアの代表格が『三国志演義』なのである。

金銭面でも商人の支えとなった関帝廟

山西商人が明清帝国と癒着するために関帝信仰を利用しただけであれば、アヘン戦争以降の山西商人の衰退や清の滅亡と共に、その信仰は終わりを迎えたはずである。しかし関帝は今もなお信仰を集め続け、華人社会に不可欠な存在になっている。それは関帝という神格が、華人社会の価値観の中核となる要素を備えていたからだろう。華人社会の価値観の中核となる要素とは、「義」である。

ご存知の通り関羽は生前からすでに義の人であり、曹操にも義を称えられている。曹操がいくら優遇しても劉備への「忠」を忘れなかったからだ。そして毛宗崗本は関羽を「義絶」と位置づけ、その義を強調して描いた。関羽が備えていた義は、互いの信頼を前提とする商人にとって最も重要なものである。関帝が信仰される普遍的な理由はそこにある。

明代の中期、揚州に進出した山西商人は、異郷におけるコミュニティの中核に関帝を置いた。関帝廟に共有財産を持たせて、商売に失敗して困窮する者に元手を貸し、両親を失った子供に奨学金を与えた。関帝廟は信仰の紐帯《ちゅうたい》であるばかりでなく、異郷で暮らす山西商人の相互扶助組織でもあったのである。横浜の華人も、現在の中華街に居住する際に関帝廟を建てている。

異郷において商人を支えるのは人的なネットワークである。しかし、拠り所を持たないネットワークはもろい。そのため山西商人は、各地に商売に出掛ける際に関帝に縋《すが》り、商売がうまくいくと関帝廟を建ててネットワークの拠点とした。また、「義」に篤い関羽の生き様は、商人たちの規範にもなった。そして「義」に基づく人的ネットワークは中国全土に広がり、華人とともに海外にも進出していったのである。

人情味あふれる関帝のお裁き

清の袁枚《えんばい》が著した『子不語《しふご》』という怪異小説集には、「関帝のお裁き」が、次のように描かれている。

馬孝廉《ばこうれん》（孝廉は科挙の予備試験に受かった者への尊称）が、まだ科挙に合格していなかったころ、西村の李家に間借りをしていた。隣の家の王某は性質が凶悪で、いつもその妻を殴っていた。あるとき妻は飢えて耐えきれず、李家の鶏の煮込みを盗んで食べてしまった。李家はこれを知り、王某に告げた。王某は酒をあおると大いに怒り、刀を引っさげ妻を引きずりやって来ると、事の真偽を尋ね、妻を殺そうとした。妻は大いに恐れて、「鶏を盗んだのは馬孝廉である」と言い張った。馬孝廉は、「濡れ衣である」と言ったが証拠はない。そこで、村の関帝廟《かんていびょう》で占うことになった。三回占ったが、すべて馬孝廉が盗んだと出た。王某は刀を投げ出すと妻を放って帰り、馬孝廉は鶏の煮込みを食べた罪を着せられたせいで、村人に冷たくされ、李家から追い出された。

ある日、タンキー（霊媒師《れいばいし》、神下ろし）が関帝を乗り移らせていた。馬孝廉は先の件を忘れられなかったので、神の裁きの間違いを大いに罵《ののし》った。するとタンキーは、灰の上に字を書いた。そこには、「馬孝廉よ。なんじは将来、民の支配者となる。物事は何を重んじ、何を緩やかにすればよいのかを知っておるか。なんじが鶏を盗んだところで、せいぜい間借りを失うに過ぎない。ところが、あの妻は鶏を盗んだことが知れれば、立ちどころに命を失っていた。わたしは裁き違いの汚名をあえて受けてでも、人の命を救いたいのだ。なんじは、それでもわたしを恨むか」とあった。……

馬孝廉は、関帝のお裁きに心から納得した。

（袁枚『子不語』）

ここに描かれている関帝は、『三国志演義』の関羽のような強さを持たない。裁きの判決も、法に照らせば正しいとはいえない。しかし、人情味にあふれている。他人であっても救う関帝の「義」（利他《りた》の義）は、鶏を盗み、人に罪をなすりつけた妻をも助ける。人として最も重要なことを教えるため、自分の裁き違いがたとえ罵られようとも人を救うことを選ぶ。これが、かつて中国人が理想とした関帝の姿である。

このことは、毛宗崗本が「義絶」関羽を象徴する義を、敗走する曹操を関羽があえて見逃した「義釈《ぎしゃく》曹操」に求めたことにも表れている。自らの命を懸けてまで曹操の恩に報いる「利他の義」は、関帝の義として広く信仰されていた。毛宗崗本は、こうした社会通念に合わせて関羽の義を描くことで、物語としての説得力を高めようとしたのである。そして社会通念をふまえた内容だったからこそ、『三国志演義』は人々に受け入れられ、時代を超えて語り継がれる名作になったのである。

京劇の関羽は特別な役

中国の古典演劇である京劇には、『三国志演義』の多くの物語が含まれている。また、京劇より古くから広く行われていた「三国志」の劇や講談は、『三国志演義』に大きな影響を与えてもいる。

前述した通り、毛宗崗本は、関羽が貂蝉を斬る話が芝居で演じられていることを厳しく批判している。毛宗崗本で指摘しなければ関羽の威厳が守れないほど、京劇をはじめとする芝居の影響力は大きかったのである。

関帝信仰の対象である関羽は、京劇において特別な位置を占めている。それは外見にも表れている。

臉譜《れんぷ》（京劇における隈取り）では、関羽に扮装する際、顔全体を赤で塗り、眉を黒で強調する。京劇において赤は正義や忠義を表す色だ。これに対して悪の代表である曹操の顔は白一色である。

また、関羽を演じる際は、王侯、将軍がよくつける三綹髯《さんりゅうぜん》という髭をつける。ただし、関羽の髭は通常のものよりかなり長い。普通の三綹髯は五〇センチほどだが、関羽のものは一メートルを超えることも多い。陳寿の『三国志』にも、関羽の容姿について「美鬚髯《びしゅぜん》」であると記され、諸葛亮が「髯」という愛称で関羽を呼んでいたことも伝えられる。さらに、『三国志演義』では、関羽は後漢の献帝から「美髯《びぜん》公《こう》」と命名されている。京劇は、それを特別な髭によって表現しているのである。

関羽の化粧の特徴はもう一つある、鼻の横に描かれた黒子《ほくろ》だ。これは、あえて粗を作って未完成な化粧にすることで、「自分はただの役者であり、本物の関帝ではありません」ということを表しているのである。

日本の歌舞伎でも江戸時代に将軍を直接扱うのは御法度だったように、中国でも、皇帝が信仰する神である関帝を娯楽の対象にすることが最初から許されていたわけではない。禁止されていたものの、圧倒的な人気を誇る関羽の演目はなんとしてもやりたい。そこで、『三国志』にも『三国志演義』にもない黒子を付け、関帝ではないことを表現したのである。

なお、「行当《ハンダン》」と呼ばれる役柄の種類では、関羽は「紅生《ホンション》」に分類される。「紅生」は、赤く塗った顔とよく響く高い声が特徴の役で、専門に演じられるのは関羽と趙匡胤《ちょうきょういん》の二人だけである。宋にまつわる演目が多い京劇において、一介の武人である関羽が、北宋の建国者である趙匡胤と同列に扱われており、関羽役の特別な立ち位置がよく分かる。このような関羽の特別視は現代にも引き継がれている。

現代版赤壁の戦い『レッドクリフ』

『レッドクリフ』(原題は「赤壁」)は、ジョン・ウー(呉宇森)監督による中国のアクション映画である。二部構成になっており、前編の『レッドクリフ Part I』は赤壁の戦い後一八〇〇年にあたる二〇〇八年、後編の『レッドクリフ Part II―未来への最終決戦』は二〇〇九年に公開された。

『レッドクリフ』はタイトルの通り、劉備と孫権が同盟を組んで曹操を破った、二〇八年の赤壁の戦いをテーマにしている。劉備軍の諸葛孔明（諸葛亮）と、孫権が兄と慕う周瑜が友情を育み、巨大な力を持つ敵に立ち向かっていく。

この作品で注目してほしいのは合戦の描写である。特に、諸葛孔明の八卦《はっけ》の陣を敷くシーンでは、陣を使った集団戦と、関羽や張飛など各武将の活躍、両方の醍醐味がうまく描かれている。また、関羽は殺陣《たて》のあとで必ず見栄《みえ》をきる。関羽の特別視をここに見ることができる。

Part IIは、演出面で感心させられるところが多い。実際は火薬を使っているのだろうが、作中では火薬を用いていないように描くなど、当時の技術を踏まえたリアリティのある描写になっており、違和感を感じずに作品の世界にのめり込むことができる。

語り物の「三国志」では、張飛が叫び声で橋を落とし、諸葛亮は豆をまいて兵士を作った。『三国志演義』では、そういった超人的な描写は抑えられたが、諸葛亮が南征の際に火薬や地雷を使っている。そして『レッドクリフ』では、さらにリアリティを追求した描写になった。『レッドクリフ』は現代中国における『三国志演義』の受容の姿を見ることができる作品である。

現代的な女性が登場する『三国志 Three Kingdoms』

『三国志 Three Kingdoms』は、二〇一〇年五月二日から同年六月一五日まで放送された中国の大型歴史ドラマである。ガオ・シーシー（高希希）を総監督に、全九十五話で構成され、総放送時間は約三千八百九十五分に及ぶ。総制作費は日本円で二十五億円、制作期間は六年、登場人物は三百人、エキストラは延べ十五万人という超大作である。

中国では、一九九四年にテレビドラマ『三国志演義』が放映されており、それを「旧版三国」と呼ぶのに対して、「新三国」とも呼ばれている。「旧版三国」は『三国志演義』を忠実に再現した内容なのに対し、「新三国」は『三国志演義』をベースに、現代的な新解釈を多数盛り込んだ作りになっている。

たとえば、女性たちの描写にも現代的な視座が導入され、より魅力的になっている。特に、呂布を支え続ける貂蝉の姿などは、他の作品では見られないものである。また、静姝《せいしゅ》というこの作品独自の登場人物もいる。静姝は、司馬懿を警戒する曹丕が送り込んだスパイで、司馬懿と親しくなって子を身籠るが、司馬懿に殺されてしまう。

史実、あるいは『三国志演義』との違いに注目しながら観賞することで、現代中国の価値観を読み取ることができる作品である。

第七章

三国志が社会・世界に与えた影響

文学が持つ普遍の力

三国志、という特定の作品に止まらず、そもそも文学が社会・世界に影響を与え得るのか、という本源的な問題について、二〇二〇年以来、考え続けている。新型コロナウイルス感染症の拡大のためである。筆者は現在、たまたま勤務先の学生生活担当・文化推進担当理事となっているため、コロナ禍のもと急遽《きゅうきょ》始まったオンライン授業と大学の閉鎖に困惑する学生に、向き合う必要があった。

そうした日々の仕事に追われる中で、われわれの学問は、何の役に立つのか、どのような役割を社会で果たし得るのかについて思いを巡らすことも多かった。二〇二〇年、学部の学生と共に読んでいた古典は、『論語《ろんご》』であった。『論語』などの古典は、時代や個人に応じて受け取られ方が異なるからこそ、時代を超えた普遍性を持って読み継がれてきた。『論語』も、それを手にした一人ひとりの思いに基づいて読まれてきた。『三国志』もそうであろう。わたしが示す『三国志』の捉え方は、あくまでもわたしの見方に過ぎない。すべての人が自分の関心に基づいて

『三国志』を読んでいく。古典とは、そうして読み継がれてきたものである。先の見えない時代の中で、わたしは学生と向き合いながら、今も古典を読んでいる。それをどう活かすかは、学生次第である。

日中戦争が日本の三国志に与えた影響

それでは、先人は「三国志」をどのように読んだのであろうか。吉川英治の場合を考えていこう。吉川英治は日中戦争の従軍記者として中国を取材し、中国の本質を三国志の中に探った。

吉川英治の『三国志』は、一九三九年八月二三日に「中外商業新報」(現在の日本経済新聞)など五紙で連載が開始された。当時は日中戦争の最中で、同年五月一一日にノモンハン事件が起きており、連載開始からまもない九月三日には、第二次世界大戦が始まる。

吉川は蘆溝橋《ろこうきょう》事件直後の一九三七年八月二日から、毎日新聞社の依頼で華北の戦線をまわり、翌年秋には漢口《かんこう》作戦に従軍している。尾崎秀樹《ほつき》「悠久の流れ」（『吉川英治全集』月報2、一九六六年）は、「そのおりに体験した戦争の非情な素顔と、中国の人と土地に対する認識」が、二年後に筆をとった『三国志』のなかに、「強烈な色調を添えたにちがいない」としている。

吉川英治は、序文の中で、次のように『三国志』の特徴を述べている。

三国志には詩がある。

単に厖大《ぼうだい》な治乱興亡を記述した戦記軍談の類《たぐい》でない所に、東洋人の血を博《う》つ一種の諧調《かいちょう》と音楽と色彩がある。

三国志から詩を除いてしまったら、世界的といわれる大構想の価値もよほど無味乾燥なものになろう。

ここでは、横山『三国志』が目指した「武将たちの戦争絵巻」が否定されている。吉川英治は「三国志」を戦記や軍談ではなく、一大叙事詩と位置づけているのである。

また、序文では次のようにも述べている。

見方によれば三国志は、一つの民俗小説ともいえる。三国志の中に見られる人間の愛欲、道徳、宗教、その生活、また、主題たる戦争行為だとか群雄割拠の状などは、さながら彩《いろど》られた彼の民俗絵巻であり、その生々動流する相《すがた》は、天地間を舞台として、壮大なる音楽に伴って演技された人類の大演劇とも観《み》られるのである。

吉川は、「三国志」を叙事詩であると同時に、「人類の大演劇」であるともいう。そして、その時代に止まらない「一つの民俗小説」とするのである。

こうした吉川の「三国志」観は、幼少期からの読書によって培われたものである。

吉川は、同じく序文の中で、『三国志』の原本について次のように述べている。

原本には「通俗三国志」「三国志演義」その他数種あるが、私はそのいずれの直訳にもよらないで、随時、長所を択《と》って、わたくし流に書いた。これを書きながら思い出されるのは、少年の頃、久保天随《くぼてんずい》氏の演義三国志を熟読して、三更《こう》四更まで燈下《とうか》にしがみついていては、父に寝ろ寝ろといって叱られたことである。

萱原宏一《かやはらこういち》「〝三国志〟のころ」（『吉川英治全集』月報2、一九六六年）によれば、『三国志』を書くことは、吉川の「長い間の宿志」であり、「吉川家の草思堂《そうしどう》文庫には、背皮《せがわ》の帝国文庫《ていこくぶんこ》があったが、その中の〝三国志〟と〝水滸伝〟は目立ってボロボロになっており、何度も繰り返して愛読された証拠の、手沢《しゅたく》をとどめていた」という。

帝国文庫の『三国志』とは、湖南文山の『通俗三国志』の活字本である。

吉川『三国志』が持つ現代中国への視座

吉川英治は、湖南文山の『通俗三国志』により李卓吾本、久保天随の訳により毛宗崗本を読み、『三国志演義』を踏まえたうえで、「三国志」に自らの創作を加えているのである。

吉川『三国志』は、劉備が黄河の川面《かわも》を見つめる場面から始まる。

年の頃は二十四、五。
草むらの中に、ぽつねんと坐って、膝《ひざ》をかかえこんでいた。
悠久《ゆうきゅう》と水は行く――

毛宗崗本『三国志演義』も、冒頭に川を歌った詞を掲げている。

滾滾《こんこん》たる長江　東に逝《ゆ》く水

浪花《なみのはな》に英雄を陶尽《とうじん》す……

比べてみると、両者の川が異なることに気がつく。吉川が『三国志』の最初に黄河を持ってきたのは、劉備の故郷涿州が北にあるから、という理由だけではないだろう。吉川は中国人の民俗性を「平時にあっては温柔広濶《おんじゅうこうかつ》」で、あるときには「狂《きょう》激《げき》な濁浪《だくろう》を上げ」る「黄河の水」にたとえている。「狂激な濁浪」という表現には、戦争中の日中関係の影響を見ることができる。吉川は、その「両面のどっちも支那なのである」と言う。そして、序文において、次のようにも述べている。

だから、現代の中国大陸には、三国志時代の治乱興亡がそのままあるし、作中の人物も、文化や姿こそ変わっているが、なお、今日に生きているといっても過言ではない。

吉川英治は、三国志の人物が、今日に生きている、と言う。約千八百年前の中国を描いた吉川『三国志』には、現代中国への視座が確実に存在しているのである。われわれが、吉川『三国志』に出てくる人間像を古く感じないのは、大衆作家吉川英治が現代の視座を踏まえて、歴史小説を描いているからなのであろう。

曹操に学ぶ

現在、コロナ禍の影響もあって、日本の対中国感情は良いとはいえない。それでも、日中戦争期に比べると、ずいぶんましである。日中戦争の間にも、吉川英治は、『三国志』を通じて中国の本質を伝えようとした。

それでは、コロナ禍の今、筆者が『三国志』から学びたいことは何か。

曹操が生きた三国時代にも、疫病が流行している。赤壁の戦いの際にも、曹操は発疹チフスと推定される疫病に苦しみ、撤兵の理由を疫病に求めている。また、曹操と共に文学に勤しんだ「建安の七子」も、その多くが疫病で世を去った。疫病と向き合った曹操は、人間の生のはかなさと向き合い、生死を超える志の力を信じていく。これこそ今、『三国志』が世に向けて影響を与えるべき故事であると考える。

曹操が作った新たな価値観

戦乱は多くの悲劇を生む。中国史上、最初の本格的な文学活動である建安文学には、後漢末の戦乱が生んだ悲劇を題材とした詩歌が数多くある。

建安文学は曹操のサロンから発展したものである。それまでにも、自分の個人的な価値基準の中に限れば、文学に至高の価値を見出す者はいた。しかし、儒教を基盤とする後漢において、文学の地位は政治や道徳より低く、文学者は卑しい俳優と同等の扱いを受けた。唐以降の科挙のように、詩作などの文学的才能によって高い官職につくことができるという状況は、曹操から始まった。

建安十六（二一一）年、曹丕が五官中郎将《ごかんちゅうろうしょう》となって幕府を開き、五官将文学《ごかんしょうぶんがく》という文学を冠した官職を設置した。これによって建安文学が制度化された。この年は、曹操が最初の唯才主義の求賢令を出し、儒教からの決別を宣言した翌年であり、荀彧を殺害する前年である。

ただし、建安二十四（二一九）年までには、「建安の七子」と呼ばれた孔融、陳《ちん》琳《りん》、王粲《おうさん》、徐幹《じょかん》、阮瑀《げんう》、応瑒《おうちょう》、劉楨《りゅうてい》は、疫病もあって全員死去しており、建安文学の活動期は足掛け八年と短い。

曹操の巧みさは、一から新しい文化を創造するのではなく、名士が持つ名声の根底にある儒教を踏まえながら文学を宣揚した点にある。その結果、名士は文学を否定できなかった。

また、文学の評価基準が主観的であることも好都合だった。価値を宣揚した曹操の主観的な基準で優劣を判断できるからだ。しかも、道教や仏教のように、君主とは別に教主や道観《どうかん》・寺院が権威を持つということもない。後に五斗米道《ごとべいどう》（道教の起源の一つ）が、曹操を「真人《しんじん》」（儒教でいう聖人）と位置付け、曹操は五斗米道を保護するが、文学のように宣揚することはなかった。文学と宗教の特性を熟知していたからだ。

曹操は、文学の宣揚を明確にするために、文学者の丁儀《ていぎ》を丞相西曹掾《じょうしょうせいそうえん》（人事を担当する官）に就け、文学を基準とした人事を始めた。後漢の郷挙里選《きょうきょりせん》は、孝廉などの儒教的な価値基準により官僚を選出していたため、知識人はみな儒教を学んだ。この基準を文学に変え、文学の価値を儒教以上のものにしようとしたのである。

文学を基準とした人事は、唐代の科挙の進士科に継承される。李白《りはく》や杜甫が詩を詠んだのは、官僚登用試験である科挙の受験勉強でもあった。これまで『詩経』の儒教的解釈だけを学んできた名士は、曹操の政策に面食らいながらも従わざるを得ず、司馬懿までもが慌てて作詩を学んだ。司馬懿の詩は、お世辞にもうまいとはいえず、その当惑ぶりが感じられる。

このように文学は、儒教とは異なる新たな価値として国家的に宣揚された。名士は儒教一尊の価値基準を崩され、儒教は漢を「聖漢」と位置付ける経義を離れ、漢魏革命を容認していく。曹操の文学宣揚は、曹丕の曹魏建国を妨げる儒教をこうして排除していったのである。

「短歌行 其の一」に込められた思い

曹操の代表作である「短歌行《たんかこう》 其《そ》の一」は、いつ詠まれたのか明らかになっていない。『三国志演義』では、赤壁の戦いの前に歌った不吉な詩であるとしている。

短歌行 其の一　魏武帝

対酒当歌　酒に対《むか》へば当《まさ》に歌ふべし
人生幾何　人生 幾何《いくばく》ぞ
譬如朝露　譬《たと》へば朝露《ちょうろ》の如《ごと》し
去日苦多　去日《きょじつ》は苦《はなは》だ多し
慨当以慷　慨《なげ》きて当《まさ》に以《もっ》て慷《いた》むべし
憂思難忘　憂思《ゆうし》 忘れ難し
何以解憂　何を以てか憂ひを解かん
唯有杜康　唯《た》だ杜康《とこう》 有るのみ

青青子衿
悠悠我心
但為君故
沈吟至今
呦呦鹿鳴
食野之苹
我有嘉賓
鼓瑟吹笙
明明如月
何時可輟
憂従中来
不可断絶
越陌度阡
枉用相存

青青たる子《きみ》が衿《えり》
悠悠《ゆうゆう》たる我が心
但《た》だ君の為《ため》の故《ゆえ》に
沈吟《しんぎん》して今に至る
呦呦《ようよう》と鹿は鳴き
野の苹《よもぎ》を食《くら》ふ
我に嘉賓《かひん》有らば
瑟《ひつ》を鼓《こ》し笙《しょう》を吹かん
明明 月の如《ごと》きも
何《いずれ》の時にか輟《ひろ》ふ可き
憂ひは中より来《きた》り
断絶す可《べ》からず
陌《ひゃく》を越へ阡《せん》を度《わた》り
枉《ま》げて用《もっ》て相《あい》存せよ

契闊談讌　契闊《けいかつ》して談讌《だんえん》し
心念旧恩　心に旧恩を念《おも》はん
月明星稀　月 明らかに 星 稀《まれ》にして
烏鵲南飛　烏鵲《うじゃく》 南に飛ぶ
繞樹三匝　樹《き》を繞《めぐ》ること三匝《めぐ》り
何枝可依　何《いず》れの枝にか依る可き
山不厭高　山は高きを厭《いと》はず
水不厭深　水は深きを厭はず
周公吐哺　周公 哺《ほ》を吐きて
天下帰心　天下 心を帰せり

（『楽府詩集』巻三十 相和歌辞五）

西晋の崔豹《さいひょう》の『古《こ》今注《こんちゅう》』巻中によれば、「長歌」と「短歌」は、人の力ではどうすることもできない寿命の長短を嘆いた歌であるという。曹操の「短歌行 其の一」

も、「人生　幾何ぞ」と人の寿命の短さを嘆く。それを「朝露」にたとえることは、建安文学に先行する「古詩十九首《こしじゅうきゅうしゅ》」の十三に見える。朝露にも似た人生のはかなさ、その憂いを解くものは、「杜康《とこう》」しかない。杜康は酒の神のことで、転じて酒そのものを指す。

「古詩十九首」の十三が、朝露から人生のはかなさに沈潜していくのに対して、曹操は、従来の「短歌」の主題を踏襲しながらも、二つの『詩経』を典拠に、はかない人生だからこそ、人材を登用して世を正していくべしという、運命を乗り越えていく志を述べる。ここに、「建安の風骨《ふうこつ》」と称されるこの詩の力強さがある。

曹操が典拠とした二つの『詩経』のうち、日本人に馴染みのある字句は、鹿鳴《ろくめい》であろう。外国からの賓客を招く館の名に「鹿鳴」とつくのは、『詩経』小雅《しょうが》の最初の詩である鹿鳴を典拠とする。

したがって、名士は、「呦呦と鹿は鳴き」からの四句が、『詩経』鹿鳴からの引用であり、周王《しゅうおう》や諸侯が賓客を歓待したことを歌った内容を持ち、曹操が人材を歓待する典拠として踏まえていることを理解できるのである。

また、最後の二句「周公 哺を吐きて 天下 心を帰せり」（人材が来たことを聞いた周公は哺〈口の中の食べかけ〉を吐きだして急いで会いに行き、その姿に天下は心を帰した）は、『韓詩外伝《かんしがいでん》』巻三を典拠とする、天下の人材を懸命に登用しようとした周公《しゅうこう》の故事を踏まえている。

つまり、この楽府《がふ》は、冒頭で述べるような人生のはかなさや酒の効用を主題とするのではなく、曹操が積極的な人材登用を行うことで運命を切り開いていく、という志と施政方針を歌った作品である。『三国志演義』が、遠征中に「何の枝にか依る可き」と歌うことは不吉、とするのは曲解も甚だしい。

「青青たる子が衿」から始まる四句は、『詩経』鄭風・子衿《しきん》を典拠とする。この詩は、「青青たる子が衿」を思う少女が、青年を愛しく思う気持ちを詠んだとも解釈できる。それを、少女が青年を思うように君主は賢才を思慕した、と解釈することで、『詩経』は儒教経典となっていた。

曹操はこうした文学と儒教との関係性を十分に踏まえた上で、楽府によって政策方針を表現した。はかない人生を我が手で切り開いていく志を歌い、自らの情を抒《の》べて、楽府によって自らの正統性と志を詠いあげたのである。これは、『尚書《しょうしょ》』の「詩は志を言う（詩言志）」という儒教の経義に則したものであった。これが曹操の文学である。

運命を超える志の力を信じた曹操

曹操が、さらに明確に志の力を歌う詩がある。「歩出夏門行《ほしゅつかもんこう》」の一節「亀雖寿（亀は寿《じゅ》なりと雖《いえど》も）」である。

亀雖寿
神亀雖寿
猶有竟時
騰蛇乗霧
終為土灰

神亀《じんき》は寿なりと雖も
猶《な》ほ竟《お》わる時有り
騰蛇《とうだ》は霧《きり》に乗るも
終《つい》に土灰《どかい》と為る

驥老伏櫪
志在千里
烈士暮年
壮心不已
盈縮之期
不但在天
養怡之福
可得永年
幸甚至哉
歌以詠志

驥《き》老ひて櫪《うまや》に伏すも
志は千里に在り
烈士は年を暮るるも
壮心已《や》まず
盈縮《えいしゅく》の期は
但《た》だ天に在るのみならず
養怡《ようい》の福
永年を得る可し
幸い甚しくして至れる哉
歌ひて以て志を詠はん

（『楽府詩集』巻三十七 相和歌辞十二）

「亀雖寿」は、前半で運命論を提示して、生あるものには必ず終わりが来るという諦観《ていかん》を述べる。後半は、この運命を乗り越えるものとして意志の力を提示し、それにより「永年」をも掴《つか》み得る可能性を宣言する。「驥 老ひて 櫪に伏すも（「老驥 櫪に伏すも」と伝える本もある。その方が有名）、志は千里に在り」「烈士は年を暮るるも、壮心 已まず」の二句が、曹操の作品の中でも特に有名なのは、曹操の生涯に運命を超える意志の力を感じた者が多かった証拠だろう。

ここには、運命論とそれを超える人間の意志の力が詠まれている。「歩出夏門行」の全体に描かれる詩題は、曹操が最終的に河北平定を成し遂げた烏桓《うがん》遠征の労苦である。その苦しい遠征を楽府に歌うことにより、事実上滅亡している漢に代わって、自分こそが新しい時代を切り開いた英雄であることを高らかに宣言している。

その中で、老いてなお「志は千里に在り」と歌った曹操の志の高さには、瞠目《どうもく》せざるをえない。曹操が始めた屯田制、布で徴収する調という税目、詩によって志を見ることで行う官僚登用制度などは、隋唐帝国で実現する。曹操の死後三百年の歳月を経て、曹操の志は中国を統一したのである。

おわりに

これまで何冊も「三国志」の本を書いてきたが、いずれも陳寿の『三国志』を中心として、そこから史実を考えるものであった。本書は、教養として「三国志」を修めるものであるという。日本での「三国志」の教養とは、横山光輝の『三国志』であり、それが基づいた吉川英治の『三国志』である。あるいは、それらをもとにしたゲームの「三国志」であるかもしれない。

そこで本書は、横山光輝の『三国志』や吉川英治の『三国志』、あるいは江戸時代にさかのぼって、湖南文山の『通俗三国志』が基づいた、羅貫中の『三国志演義』に沿って、「三国志」の教養をまとめることにした。もちろん、フィクションである『三国志演義』によって、史実の三国時代を描こうとすると、無理が生ずる。たとえば、諸葛亮の北伐を『三国志演義』に基づいて描こうとすると、ありえない動きが多々生ずる。あるいは、関羽が曹操のもとから劉備に帰る「千里独行」を地図に落としていくと、関羽は劉備から遠ざかっていく。『三国志演義』の著者が、地理に暗かったためであろうか。そもそも、地理は軍事機密なので、民間で容易に知りうることではなかったが。

このため、『三国志演義』で表現しきれない戦いの動きなどは、多く『三国志』に基づき、また場所によっては、『三国志演義』と史実、あるいは横山『三国志』や吉川『三国志』との違いを記した。

章立ては、マイナビ出版編集部の田島孝二さんのご提案どおりとした。最終第七章など、期待に十分に応えられていないかもしれない章もあるが、それは著者の未熟として諒とされたい。また、田島さんには、文章全体を読みやすく直していただいた。記して感謝する次第である。

二〇二一年九月　東京オリンピック・パラリンピックの後の静かな夜に

渡邉　義浩

さらに学びを深めるために

［概説書］

・渡邉義浩・仙石知子『「三国志」の女性たち』（山川出版社、二〇一〇年）
『演義』の女性像に焦点を当て、毛宗崗本の文学性を明らかにしたもの。
・渡邉義浩『「三国志」の政治と思想』（講談社メチエ、二〇一二年）
研究書『三國政権の構造と「名士」』を一般向けに書き直したもの。
・渡邉義浩『魏志倭人伝の謎を解く』（中公新書、二〇一二年）
邪馬台国を『三国志』の専門家として論じたもの。
・渡邉義浩『三国志　英雄たちと文学』（人文書院、二〇一五年）
曹操の始めた建安文学について論じたもの。
・渡邉義浩『三国志事典』（大修館書店、二〇一七年）
陳寿の著した史書の『三国志』に関する事典。
・渡邉義浩・仙石知子『三国志演義事典』（大修館書店、二〇一九年）

羅貫中がまとめた『三国志演義』に関する事典。
・渡邉義浩『人事の三国志』（朝日新聞出版、二〇一九年）
三国時代の人事に焦点をあて、政権の人的構成を明らかにしたもの。

［研究書］
・長尾直茂『本邦における三国志演義受容の諸相』（勉誠出版、二〇一九年）
湖南文山『通俗三国志』を中心とする日本における『三国志演義』の受容を体系的にまとめた研究書。
・徳田武『近世近代小説と中国白話文学』（汲古書院、二〇〇四年）
『南総里見八犬伝』における『三国志演義』の利用法を含む、日本の近世・近代小説への中国の白話小説の影響を論じた研究書。
・仙石知子『毛宗崗批評『三国志演義』の思想的研究』（汲古書院、二〇一八年）
毛宗崗本に関する唯一の本格的研究書。

●著者プロフィール
渡邉義浩（わたなべ・よしひろ）
1962年、東京都生まれ。早稲田大学理事、同大学文学学術院教授、三国志学会事務局長。筑波大学大学院博士課程歴史・人類学研究科修了。文学博士。専門は古典中国学。著書に『三国志 演義から正史、そして史実へ』『魏志倭人伝の謎を解く 三国志から見る邪馬台国』『漢帝国 400年の興亡』『始皇帝　中華統一の思想』など著書、監修書多数。また、新潮文庫版の吉川英治『三国志』において、全巻の監修を担当した。

マイナビ新書

教養として学んでおきたい三国志

2021年11月30日　初版第1刷発行

著　者　渡邉義浩
発行者　滝口直樹
発行所　株式会社マイナビ出版
〒101-0003　東京都千代田区一ツ橋2-6-3　一ツ橋ビル2F
TEL 0480-38-6872（注文専用ダイヤル）
TEL 03-3556-2731（販売部）
TEL 03-3556-2735（編集部）
E-Mail pc-books@mynavi.jp（質問用）
URL https://book.mynavi.jp/

装幀　小口翔平＋三沢稜＋後藤司（tobufune）
DTP　富宗治
印刷・製本　中央精版印刷株式会社

　ISBN978-4-8399-7725-2
Printed in Japan